中華文化叢書

書法

王軍平 著

書法藝術歷史悠久、源遠流長。在五千年的中華文明發展過程中，書法逐漸成為一門自覺得藝術形式，並湧現出像王羲之、顏真卿等一大批著名的書法家。時至今日，書法這門古老的傳統藝術不僅為國內的普通百姓所喜聞樂見，亦飄洋過海、馳譽世界，在國際舞台上呈現其特有的風采。

崧燁文化

前　言

　　書法是中國的文化瑰寶，它傳承千年，長盛不衰，是中華文化藝術中的一朵奇葩。

　　書法藝術為何具有如此迷人的魅力？

　　這個問題看似平常，若要完整，科學地回答，卻又異常困難。這言之不盡，道之不明的原因，讓一代又一代的書法家在山陰道上求索不止，甘願為了書法而窮其畢生精力。古代書法家勤奮練字的故事可謂多矣："草聖"張芝為了學書，池水盡黑；懷素為了寫好書法，退筆成塚……今天，當我們站在前輩書法家的那些氣象萬千，神秘和諧的作品面前，依然能感受到他們的創作主張與人生態度：只有千錘百煉，廢紙三千，才能真正邁進書法藝術的殿堂。

　　書法藝術博大精深，耐人尋味，我們只有立體化，全方位地學習，才不會窺豹一斑，僅得皮毛。因此，必須對書法創作，書法欣賞，書法發展史等相關知識都有所瞭解。

　　書法創作可分為臨摹式創作，集字式創作和情感式創作等不同形式，其中情感式創作是書法創作的高級階段，必須具備扎實的基本功方可興之所至，揮灑自如。唐代書法家，書法理論家孫過庭在《書譜》中認為，"神怡務閑，感惠徇知，時和氣潤，紙墨相發，偶然欲書"是書法創作的有利條件。可見，在書法創作過程中，書法家的心態情緒，客觀環境，工具材料和創作欲望等因素都至關重要。

　　書法欣賞，是觀賞者對一件書法作品進行品評，領略其中的審美趣味與藝術追求的過程。優秀的書法作品，應當講究字法，筆法，章法，墨法。同時，字法，筆法，章法，墨法等因素的有機結合亦能表現出特有的節奏，韻律，氣息，讓人感受到飄逸之氣和幽遠之象。南朝著名書法理論家王僧虔在

《筆意贊》中說道："書之妙道，神采為上，形質次之，兼之者方可紹於古人。"

可見，一副好的書法作品不僅注重形質，更強調以形寫神、形神兼備。書法藝術歷史悠久、源遠流長。在五千年的中華文明發展過程中，書法逐漸成為一門自覺的藝術形式，出現了篆書、隸書、楷書、草書、行書等不同書體，並湧現出像鐘繇、王羲之、歐陽詢、顏真卿、柳公權、米芾等一大批著名的書法家。而且，不同歷史時期的書法風格和美學追求也各不相同。清代梁巘在《評書帖》曾這樣寫道："晉尚韻，唐尚法，宋尚意，元明尚態。"這個評述結論無疑是準確而精闢的。

時至今日，書法這門古老的傳統藝術不僅被中國的普通老百姓所喜聞樂見，它亦漂洋過海、馳譽世界，在國際舞臺上呈現其特有的風采，被眾多外國友人收藏和喜愛。

儘管如此，在電腦、網路技術的衝擊下，"書寫"在人們的生活中還是逐漸變得陌生起來。人們在敲擊鍵盤的同時，逐漸疏遠了紙和筆。真希望更多人能熱愛這門藝術，能在快節奏、高強度的生活中抽出時間來徐徐鋪紙、緩緩磨墨、沉著揮毫。如此一來，人們生活中就會多一份氤氳墨香，多一份心靈滋養。

是的，社會的發展需要速度和效率，但在生活中更需要不急不躁、不激不厲的心態。這種中正平和的心態，可以在書法藝術的創作、欣賞過程中培養而成。這也是筆者撰寫本書的初衷和願望。

本書對書法藝術的表現技法、美學特徵和創作過程以及歷朝歷代的代表書家書作進行介紹，力圖使讀者朋友對書法藝術的審美追求和發展脈絡有所感知。囿於筆者知識、經驗有限，書中錯訛之處在所難免，請各位專家、讀者批評指正！

王軍平

目　錄

第一編　先秦、秦漢書法 1
　一、漢字的起源與書法字體的發展 2
　二、刻在甲骨上的神秘符號 5
　三、金文與石刻之祖 8
　四、秦代書法 16
　五、琳琅滿目的兩漢書法 19

第二編　三國兩晉南北朝書法 31
　一、三國書法 32
　二、風姿綽約的兩晉書法 40
　三、南北朝書法 50

第三編　隋唐五代書法 57
　一、承上啟下的隋代書法 58
　二、法度森嚴的初唐書法 61
　三、盛唐書法 69
　四、晚唐與五代書法 77

第四編　宋代至元代書法 ... 81
一、尚意的兩宋書法 ... 82
二、遼金書法 ... 91
三、趙孟頫與元代復古思潮 ... 94

第五編　明清書法 ... 99
一、明前期的"台閣體"與中期的"吳門書派" ... 100
二、董其昌與晚明諸家 ... 109
三、清初的王鐸、傅山書法 ... 117
四、別開生面的清中後期書法 ... 121

第六編　近現代、當代書法 ... 133
一、群星璀璨的近現代書法大家 ... 134
二、"三足鼎立"的當代書法 ... 140

第七編　走向世界的中國書法 ... 149
一、書法之美 ... 150
二、書法創作 ... 156
三、書法藝術的外傳 ... 161

第一編　先秦、秦漢書法

　　在遠古時期，先民們在石壁上刻畫了原始圖畫和符號。後來，為了交流和記錄的需要，人們將相對固定的形體和意義整理記錄下來，這便是漢字誕生的過程。

　　秦始皇統一六國後，李斯整理、統一了文字的書寫形式，這就是後來的小篆。秦小篆婉轉流暢、優美生動，是秦代的官方文字。

　　而後，官吏在寫小篆時覺得費時費力，為了加快速度，他們便將小篆寫得不那麼規則，並減省一些筆畫，這便是隸書的前身。

一、漢字的起源與書法字體的發展

1. 漢字的起源

　　漢字是世界上歷史最為悠久的文字，它遍佈我們生活的各個角落，是我們交流的必要工具。有關漢字起源的問題早在戰國時期便有人探究過，歷朝歷代的專家學者更是在其中投入了大量心血。根據他們的努力成果，我們可以得知：有關漢字起源的說法可大致分為四類：圖畫說、結繩記事說、八卦說、倉頡造字說。

　　圖畫說：從考古學家發現的象形文字來看，漢字與圖畫之間有著千絲萬縷的聯繫，而且現今發掘出來的新石器時代的遺址中也存在大量刻在陶器上的圖案，如半坡陶符、丁公陶文、高郵陶文等，這些圖案簡潔、形象，部分還重複出現，應該有特定的含義。

　　結繩記事說：結繩是文字創造出來之前人們用來記事的一種方法，古中國人和古印第安人都使用過。據民族學專家考察，近現代仍舊有少數民族沿用結繩記事。不過，結繩畢竟不等同於文字，只限於加強記憶或是傳遞簡單資訊。關於結繩的方法，《易九家言》上記載："事大，大結其繩；事小，小結其繩；之多少，隨物眾寡。"

　　八卦說：東漢學者許慎在《說文解字》談到"八卦"，八卦是古代占卜的符號，常見於甲骨。《易經》裡將肉眼可觀察到的現象分為八類，畫成八卦，認為宇宙間的萬物都由這八卦演化而成，因而八卦代表了宇宙現象。至於我們的祖先是否真的以畫八卦來傳遞資訊，還是一個未解之謎。

　　倉頡造字說：倉頡相傳為黃帝手下的史官，也是漢字的創造者。這位史前人物最早見於戰國的《荀子·解蔽》，書中有這麼一句話："故好書者眾矣而倉頡獨傳者，一也。"在荀子看來，文字起源於廣大人民群眾，倉頡只是將這些文字收集起來，加以整理，摸索出規律，繼而形成統一的漢字體系。不過，《呂氏春秋》和《韓非子》的觀點則直接認定是倉頡創造了文字。漢代以後，倉頡造字的說法更為普遍。

2. 書法字體的發展

　　漢字自誕生的那一刻起便隨著時間不斷改進、演變和發展，經過五千年的漫長歲月，終於以現在的面貌呈現在世人眼前。作為資訊的載體，漢字的發展以實用性為主，從圖畫到符號，刪繁存簡，日益趨於規範。

　　陶文算得上漢字的遠祖。它產生於史前，從新石器時代延續至先秦，處於符號與文字之間，是單獨的個體，大多刻在陶缽外口邊緣的黑色寬頻和黑色倒三角紋路上，也有少數出現在陶缽外壁和底部。關於陶文所代表的含義，至今還沒有人能夠破譯，只能隱約推測出一小部分。不過可以肯定的是，陶文的出現揭開了漢字的發展序幕。

　　陶文之後，商代的甲骨文接過傳遞資訊的重任。19世紀末，河南安陽小屯發現了商代都城遺址，其中有不少甲骨和獸骨。最令考古學家振奮的是，這些甲骨和獸骨上面都刻有文字，這些文字繼承了陶文的造字方法，記載了王室在占卜方面的資訊。鑒於文字存在的載體（龜甲或獸骨），專家將其命名為"甲骨文"，又稱"殷墟文字""殷契"。甲骨文是中國最早的真正意義上的文字，它的書寫具備了中國書法的三大基本要素：用筆、結字、章法。

　　商亡之後，甲骨文仍被沿用了一段時間，但隨著青銅器時代的鼎盛而逐漸消失了，金文則開始成為時代的新寵。周代，我國青銅器的鑄造工藝已經達到世界領先水準。青銅器通常被用作祭祀或紀念重大事件，因而刻有銘文。儘管青銅是銅、錫的混合物，但是在周之前，人們習慣將銅稱為"金"，因而這種銘文被時人叫作"金文""鐘鼎文"或"吉金文字"。金文以甲骨文為基礎，字形瘦長嚴謹，一般有兩種書寫風格，或筆力雄健，或沉穩挺括。武王征商簋為現今出土的最早的鑄銘銅器，上面的金文記載了武王伐紂這一歷史事件，是西周早期金文的代表。

西周後期，大篆成了中國的通行文字。大篆相傳為夏朝伯益所創，也被稱作"籀文"（因為字書《史籀篇》中對此文字有記載）。從廣義上說，它包括甲骨文、金文和戰國六國文字，一般特指春秋戰國時期的秦國文字。相比金文，大篆的線條更加柔和，結構也愈加規範，形成了方塊字的最初字形。唐初，鳳翔（今陝西鳳翔）出土了10個形狀像鼓的石墩子，每一個石鼓上都刻著一首四言詩。石鼓現保存在故宮博物院，只是上面的文字在經過歲月的摧殘後，由原來的700多字變為300多字，但它還是為大篆的研究提供了有力的支援。

秦始皇統一六國之後，實行"車同軌，書同文"的政策，不僅統一度量衡，還讓丞相李斯負責統一文字。李斯將原來的大篆簡化，得到小篆，並在全國推廣。小篆妍美古拙，深受書法家的喜愛，而且筆劃較繁雜，字形奇特，可以任意曲化，防偽性高，為官府所青睞。

小篆上承大篆，下啟隸書。作為秦代的官方文字，小篆在大篆的基礎上有所改進，但當時文字多用漆寫在木簡上，其圓滑的筆劃令書寫速度極為緩慢。秦末，一位掌管監獄的官吏程邈為圖方便，將小篆的曲線改為平整直坦的線條，從而創造出了隸書。秦始皇得知後，認為隸書確實比小篆更為實用，便加以採納。郭沫若在評價秦始皇的時候，曾這樣說："秦始皇改革文字的更大功績，是在採用了隸書。"

隸書面世之後，以其較強的實用性得到了大家的認可，是中國文字史上的一次重大改革。隸書起源於秦，在東漢時期達到巔峰，因此又被稱為"漢隸"。它莊重工整，字形扁平，一點一畫之間頗具藝術美，帶領中國書法進入全新的領域。爾後，在漢隸的發展過程中，草書、楷書、行書等字體相繼衍生了出來，而各個書法家對於書法的獨到見解和獨特領會又進一步豐富了書法的內涵，令書法史呈現出一片流光溢彩。

二、刻在甲骨上的神秘符號

1. 概述

甲骨即我國古代占卜時用的龜骨和獸骨,其中龜骨還被稱作"萄甲",有腹甲和背甲之分,占卜時多用腹甲;獸骨又稱為"萄骨",可用羊、鹿、豬、虎等獸類骨頭,以牛的肩胛骨最為常見。取甲骨占卜時,須先將甲骨打磨齊整,用鋒利的工具在甲骨背面鑽出圓形凹槽,圓槽旁邊再鑿出菱形凹槽,這個過程就叫作"鑽鑿"。準備工作完成之後,用火灼烤甲骨,槽穴底部的甲骨較薄,會因受熱不均而產生不規則的裂痕,古人便是據此來判斷凶吉。

早在新石器時代晚期,中國便出現了占卜用的甲骨。商代時,甲骨占卜術尤為盛行,並且這時候的甲骨上契刻有與占卜相關的神秘符號——甲骨文。關於甲骨文的發現,還有一段曲折的歷程。

清末,河南省恒河畔安陽縣小屯村有一個一字不識的農民李成,一天,他坐在田埂上歇息,身上的疥瘡令他煩躁不已。就在這時,他在無意間發現不遠處有一塊帶"畫紋"的白骨片。將白骨片拿在手中把玩一會兒後,李成抱著試一試的心態,把它揉成粉末,塗抹在疥瘡患處,然後驚奇地發現患處不癢也不疼了,持續塗抹幾天後,困擾李成多時的疥瘡也被徹底痊癒了。李成對此喜出望外,覺得自己找到了一條發財致富的道路。他四處搜尋被鄉親們扔掉的白骨片,然後送到城裡一家相識的藥店去賣。藥店的老闆剛開始不相信,後來查閱李時珍的《本草綱目》才明白過來,這白骨片就是書上提及的"龍骨",具有"生肌防腐"的功效。此後,李成便以此為生,他把大量的白骨片運到藥店,為了提高白骨片的美觀性,還將白骨片上的奇怪"畫紋"磨掉。就這樣，甲骨以藥品的身份進入了人們的視野，卻沒有人知道自己手中的這塊白骨片的真正價值。直到清光緒二十五年（1899 年），清末官員、金石學家王懿榮因患瘧疾而在自己的藥方中發現了這一味名曰"龍骨"的藥，直覺告訴他，這"龍骨"大有來歷。當家人從藥店抓來藥後，王懿榮不顧病體認真查看"龍骨"，居然隱約看到了上面的奇怪"畫紋"，他將這些圖案描繪下來，並托人大量收購這種帶有"畫紋"的甲骨。經過深入的考察後，王懿榮對於這些神秘的"畫紋"有了初步認識，他確信這是一種文字，一種最古老的文字。然而就在王懿榮打算閉門潛心鑽研的時候，八國聯軍攻進了北京，硝煙彌漫。清皇室聞風喪膽，紛紛外逃，竟將守衛京城的重任交給了時任國子監祭酒的王懿榮。臨危受命的王懿榮憑藉一腔書生意氣奮力迎敵，終因兵力懸殊而慘敗，後攜家眷慨然投井殉國。

王懿榮殉國後，他的好友劉鶚（《老殘遊記》的作者）繼承他沒來得及完成的心願，在原來的基礎上又收購了大量甲骨，並於 1903 年由抱殘守缺齋石印出版了第一部甲骨文著錄——《鐵雲藏龜》。這個研究成果像一枚定時炸彈，在京城學術界掀起了軒然大波，無數的學者為之血液沸騰，孫詒讓、羅振玉、王國維等人更是全身心地投入"甲骨文"的研究中，為"甲骨學"地位的確定夯實基礎。

迄今為止，我國出土了十幾萬片刻有文字的甲骨，最初發現甲骨文的安陽小屯村也是出土甲骨最多的地方。據《甲骨文編》統計，商周時期常用的甲骨文字數約為 4500 個，但大多數已無法辨識。有些字的寫法多達數種，如"羊"字的甲骨文寫法多達 45 種。

在已發現的甲骨文中，單篇文章長達 100 餘字，單字數量多達 4000 多個，按照構字方法來分，可分為指事字、象形字、會意字、形聲字、轉注字、假借字，與我們現在通用漢字如出一轍。甲骨文記錄了占卜內容，即卜辭，由前辭、命辭、占辭、驗辭構成。前辭記錄占卜時間與占卜人名字，命辭記錄具體占卜事項，占辭記錄占卜結果，驗辭記錄卦象是否靈驗。除去卜辭，甲骨文還包含記事刻辭，像世系、家族、祭祀、農業、龜骨的採集情況等。在這些成形的文字之外，一些類似草稿的文字也會出現在甲骨上，這說明甲骨文並不是隨意契刻而成的，契刻者必須練就一定技術才能夠擔此重任。同時，我們還從中見證了甲骨文由粗糙向精美轉化的過程。

甲骨文不但內容具有極高的考察價值，其本身也有極具豐富的歷史底蘊。比如說甲骨文的"高"字，它是象形字，整體看來就像一座堆砌在高臺上的建築物，字的下面有一個"口"，我們可以推測當時的建築物可能都挖有地窖——這一點在考古發現中得到了證實；字的上部好似一個由牆圍成的帶屋頂的閣樓，而牆的出現在建築史上具有劃時代意義。遵循這樣的方法，商代社會的大致情況一點點地呈現在我們眼前。

2. 甲骨文的風格特徵

甲骨文

甲骨文的契刻方法有兩種：一種是先用墨或用朱砂書寫，再用刀刻；另一種是不用書寫，直接刀刻。由於工具材料的原因，甲骨文的線條呈現瘦弱方直的特點，特別是兩根線條的交接處多為方折，極少數為渾圓流暢的線條。

在整體佈局上，甲骨文亦有其特點。它縱有序，橫無列，每個字根據繁簡不同而大小有別，有的筆劃複雜的字比筆劃簡單的字大數倍，看起來有一種參差錯落之美。

從數量和構字來看，甲骨文已經具備了較為嚴謹的文字體系，不過這並不能掩蓋它在以下幾個方面的不足之處。

其一，有些以象形為構造法構成的甲骨文過度追求貼近實物特徵，反而忽略了字的形體、筆劃，使得字的正反、向背極不統一。

其二，有些會意字只注重組合出來的效果，並沒有固定字的成分，這就導致有的字可能有十幾種甚至幾十種不同的寫法。

其三，以字體的大小來表示物體的體積這個方法並不實用，有的字佔據了幾個字的空間，使得文字的整體美感大幅下降。

總體來說，甲骨文是中國書法的起源，亦是漢字的起源，它獨特的歷史意義與極具藝術美的形態特徵，使它在書法史上綻放出別樣的光輝。

三、金文與石刻之祖

1. 金文

商周時期，青銅器的鑄造技術較為發達，有些出土的商周青銅器、貨幣、璽印上鑄有銘文，這些文字統稱"金文"。金文書法肅穆端莊、渾厚樸茂，在如毛公鼎、散氏盤等青銅器上均有體現。

青銅器，主要指我國自夏末至秦漢時期用銅、錫為原材料，經燒制、鍛造後所形成的各種器物。中國古代的青銅器文化十分發達，所制青銅器十分精良、技術高超，不僅具有重要的歷史價值，還有極高的藝術價值。從出土的青銅器來看，有的上面刻有動物、植物、景物、人物、幾何圖形等裝飾圖案，有的則刻有文字。

依據鐫刻方式不同，金文亦有不同的稱謂，如凹下的叫"款"，凸起的叫"識"，故金文又稱"鐘鼎款識"或"彝器款識"。

而依據風格不同，金文的發展可分為三個時期：過渡期、鼎盛期、衰微期。

過渡期的金文處於甲骨文向金文蛻變的階段，因此其風格依然顯得稚氣質樸。例如大盂鼎，其鑄造於周康王二十三年（西元前 1003 年），高 1.02 米，重 153.5 公斤，鼎上鑄有金文 291 字，分 2 段，共 19 行。從金文內容得知，一個名叫盂的貴族為頌揚周康王的賞賜和功績，便鑄此鼎以記之。

大盂鼎金文書風樸茂、線質古卓、章法妥帖，代表了周康王時期書法藝術的最高成就。關於大盂鼎，還有一段離奇的故事呢。

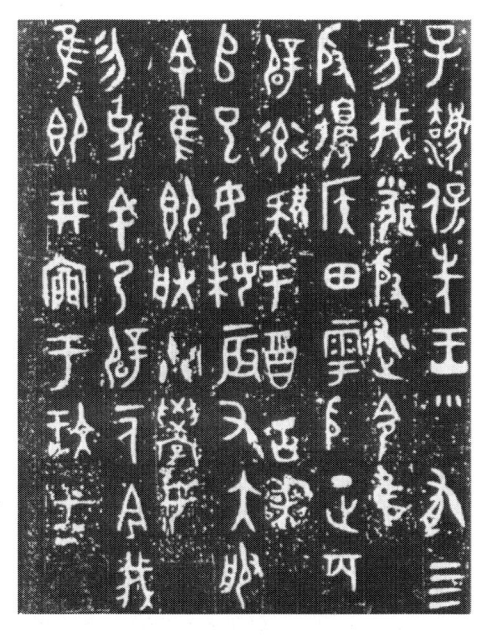

大盂鼎金文拓片

清道光初年，一場大雨過後，一個農民在今陝西岐山某地的土中挖出了一個古鼎。岐山首富宋金鑒得知這一消息後，連忙到現場觀看，並買下古鼎。不久，岐山縣令周庚盛來到宋金鑒家中，希望宋金鑒將此鼎上交衙門。宋金鑒無奈，只好讓出此鼎。周庚盛得到此鼎後，並沒有將其放到衙門中，而是將其藏於家中。接著，一連串奇怪的事情便發生了：院子中的大樹突然折枝了，正房的牆角也莫名其妙地坍塌了，周庚盛晚上經常被噩夢所驚醒……周庚盛心中忐忑不安，便將此鼎轉賣給北京的古董商人。後來，宋金鑒考中翰林，又花3000兩白銀將此鼎買回。宋金鑒去世後，陝甘總督左宗棠的幕僚袁保恒花700兩白銀從宋的後人手中購得此鼎。袁保恒為了討好上司，便將古鼎送給了左宗棠。左宗棠知道自己的恩人潘祖蔭酷愛古玩，便將此鼎送給了他。潘祖蔭學富五車，還喜愛收藏鼎，在得到古鼎後，很快就弄清了古鼎上的金文，於是將此鼎命名為"大盂鼎"。潘祖蔭知道此鼎為無價之寶，便將其妥善保存起來，不輕易示人。

　　湖北巡撫端方對此鼎垂涎三尺，他三番五次到訪潘家，希望潘祖蔭能讓出此鼎，但均遭到了拒絕。後來，潘祖蔭因病去世，在彌留之際，他將大盂鼎託付給自己的弟弟潘祖年，並囑咐他一定要全力保護此鼎。為了躲避端方的糾纏，潘家將大盂鼎運到蘇州，沒想到端方升職為兩江總督，也到了蘇州。就在潘家為此事焦慮不安的時候，辛亥革命爆發了，而1911年11月，端方在鎮壓保路運動時被革命人士殺掉了。端方喪命後，再沒人來騷擾潘家了。20世紀20年代，潘祖年的孫媳婦潘達於成為潘家的當家。抗日戰爭爆發後，為了不讓大盂鼎落入日寇之手，潘家在大宅後院的大廳中間挖了一個大坑，將大盂鼎和其他古玩埋了進去……日軍來潘家搜查多次，均沒有發現大盂鼎的下落。新中國成立後，為了讓大盂鼎得到妥善保護，潘達於將其獻給了國家。

現在，大盂鼎藏於中國國家博物館，為國家的一級文物。

鼎盛期，金文書法名作迭出，如《師酉簋器銘》《九年衛鼎銘》《頌鼎銘》《大克鼎銘》等，其中《大克鼎銘》極具代表性。大克鼎為周孝王時期器物，1890年出土於陝西省扶風縣。大克鼎原被金石學家潘祖蔭收藏，新中國成立後，潘家後人將其獻給國家。大克鼎腹內鑄有金文28行，共290字。此鼎文字精美，字體規整古拙，亦勁健靈動。總體來說，鼎盛時期的金文，文字雍容嫻雅，風格較為統一。

周代晚期，諸侯勢力增強，而周王室勢力則漸漸衰落，金文也隨著王室的衰落而衰微。但這一時期的金文書法仍不乏佳作，如散氏盤金文、虢季子白盤金文、毛公鼎金文等。

散氏盤

散氏盤是西周晚期的青銅器，呈圓形，高0.21米，口徑為0.55米，鑄有銘文19行，共357字。散氏盤金文字體寬博、風格古拙，呈現出一種斑駁、天真之美。

清乾隆年間，散氏盤出土於今陝西鳳翔。後來，金石學家阮元因其銘文中有"散氏"字樣，便將此盤命名為"散氏盤"，並將此盤仿鑄了兩件。

1810年，清嘉慶皇帝過生日時，阿林保將散氏盤獻給皇帝祝壽。嘉慶皇帝一高興，便封阿林保為兩江總督。因此，收藏界便流傳著這樣一句話："阮元定名散氏盤，阿林保獻寶祝壽榮升。"

嘉慶皇帝得到此盤後，又命人將其放入內務府，這一放就是多年過去了。八國聯軍火燒圓明園後，傳聞散氏盤在戰火中被毀掉了，世上留存的只有阮元的兩件仿品。

1924年，時為"清室善後委員會"一員的馬衡在故宮中發現一個木箱，他打開一看，裡面竟然裝著散氏盤。經馬衡仔細鑒定，此盤正是真品，並非仿製品。現在，散氏盤被臺北"故宮博物院"收藏。

虢季子白盤

虢季子白盤為西周青銅器，長1.37米，寬0.86米，高0.4米，重215.3公斤。虢季子白盤造型奇偉，呈長方形，四壁各有一對獸首銜環耳，看似一浴缸。虢季子白盤上鑄刻有文字 8 行，共 111 字，其文字線條流暢，風格清麗。

關於虢季子白盤的發現，也有一段神奇的故事。

清道光年間，虢季子白盤出土於陝西寶雞。當時的眉縣縣令徐燮得到此物後，視若珍寶。卸任後，徐燮將其帶回常州。太平天國時期，護王陳坤書鎮守常州時又得到此盤。

清同治三年（1864 年）的一個夏天，清軍打敗常州的太平軍，直隸提督劉銘傳住進了護王府。這天晚上，劉銘傳正在舉燈看書，突然聽到屋後的馬廄中傳來一聲清越的金屬撞擊之聲。

劉銘傳手持蠟燭來到馬廄，細細觀察，發現了聲音的來源——馬頭上的鐵環碰到了馬槽。劉銘傳心生好奇，便俯身觀看馬槽。他見此馬槽造型特別，在燭光下散發陣陣幽光，再用手輕叩之，頓時聞得一聲富有穿透力的聲音。

虢季子白盤

虢季子白盤金文拓片

劉銘傳暗自思忖：此馬槽絕非尋常之物。第二天一早，劉銘傳命手下將馬槽刷洗乾淨，終於得見其本來面目，原來它是一件青銅器物，外面佈滿紋飾，內部刻有銘文。劉銘傳大喜，為避免此寶物在戰亂中被毀壞，特命人將其押運回合肥老家。

獲得虢季子白盤後，劉家子孫從此便不得安寧了。軍閥、日寇都想占為己有，劉家人為了躲避麻煩，便將其深埋於地下。新中國成立後，劉銘傳第四代孫劉肅把祖傳寶物挖出，並將其獻給國家。

毛公鼎

毛公鼎是西周晚期的青銅器，因是毛公所鑄而得名。毛公鼎呈圓形，高 0.54 米，口徑為 0.48 米。鼎內鑄刻金文 497 字，內容為毛公向周宣王獻策的事情。此鼎文字結體方長，筆意圓勁，

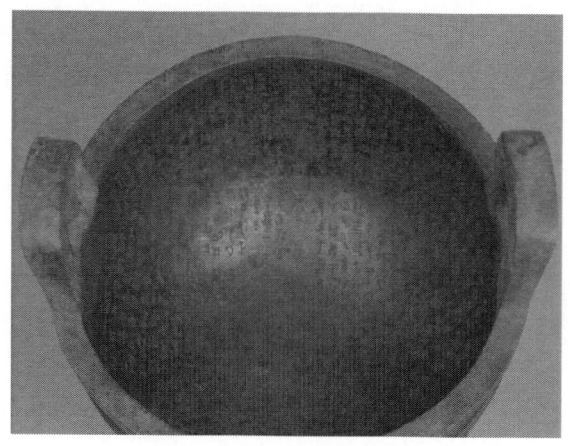

風格渾穆，為西周晚期金文的典範。

關於毛公鼎的流傳過程，也有一段驚心動魄的故事。

清咸豐元年（1851年），毛公鼎出土於今陝西岐山，輾轉數人之手後，西安古董商蘇億年得到此鼎。清咸豐二年（1852年），金石學家、收藏家陳介祺從蘇億年手中購得此鼎，並將其妥善保存於密室。陳介祺去世後，其後人將此鼎賣給兩江總督端方。辛亥革命爆發後，端方在鎮壓保路運動時喪命。

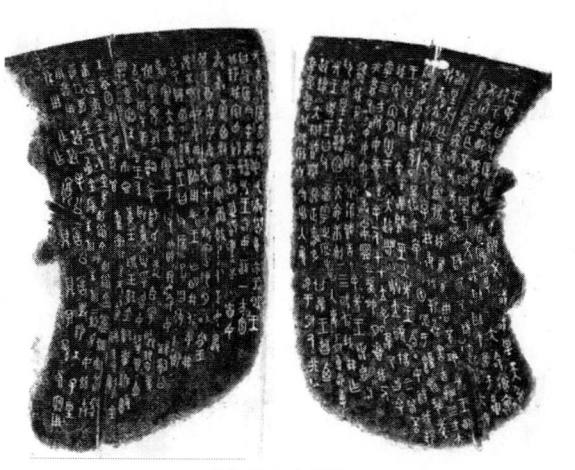

民國時期，端方後人將毛公鼎典押給俄國人開辦的銀行。後來，時任北洋政府交通總長的葉恭綽得到此鼎，並將其存入大陸銀行。

抗日戰爭爆發後，葉恭綽為了避禍，來到香港，並將毛公鼎託付給姪子葉公超保護。日本人得知毛公鼎在葉公超手上，便想搶奪，但葉公超怎麼也不說出寶鼎下落。為了解救姪子，葉恭綽上交給日軍一只仿造的假鼎。葉公超被救出後，便攜帶毛公鼎逃到香港避亂，但不久香港亦被日軍攻陷，為了保護毛公鼎，葉家又托人將其運回上海，並典押給銀行。後來，商人陳永仁贖出寶鼎，並將其獻給國民政府。現在，這件無價之寶正藏於臺北"故宮博物院"。

毛公鼎

毛公鼎金文拓片

2. 石鼓文

石鼓文，春秋戰國時期秦國的石刻文字，字體介於金文與小篆之間，因刻在鼓形石上而得名。石鼓共10個，每個高約90厘米，徑約60釐米，鼓面用大篆文字刻有一首四言詩，共計718字。石鼓上所刻文字內容多關於君王出獵的場面，故又稱"獵碣"。關於石鼓文的具體刻制年代，考古界頗有爭議：馬衡認為是秦穆公時代，郭沫若認為是秦襄公時代，還有人認為是秦文公、秦德公時代，甚至有人認為是秦始皇時代。

石鼓文是迄今為止所發現的最早的石刻文字，被稱為"石刻之祖"，其文字結體均勻，用筆圓中寓方，氣韻高古，上承金文，下啟小篆，是歷代書法家學習的重要範本，在書法史上具有重要意義，有"書家第一法則"的美譽。後世書法家，特別是清代的楊沂孫、吳大澂、吳昌碩、王福庵等在學習書法時，都在石鼓文上用力尤深。

石鼓文拓片（局部）

石鼓文最開始被發現是在唐初。在今陝西鳳翔，一個牧羊人在荒郊之處發現了10個石鼓。石鼓造型奇特，上面還刻了很多神秘的字元。消息傳開後，人們都想一看究竟。有文人慕名而至，並拓制上面的文字；有村民對其跪拜，將其視為神物。杜甫、韋應物、韓愈知道後，紛紛寫下讚歎不已的詩篇。

韋應物在《石鼓歌》中寫道：

> 周宣大獵兮岐之陽，刻石表功兮煒煌煌。
> 石如鼓形數止十，風雨缺訛苔蘚澀。
> 今人濡紙脫其文，既擊既掃白黑分。
> 忽開滿卷不可識，驚潛動蟄走黽紜。
> ……

韓愈在《石鼓歌》中寫

張生手持石鼓文，勸我試作石鼓歌。
少陵無人謫仙死，才薄將奈石鼓何。
周綱陵遲四海沸，宣王憤起揮天戈。
大開明堂受朝賀，諸侯劍佩鳴相磨。
……

安史之亂爆發後，唐肅宗在鳳翔躲避戰亂，聽到石鼓的傳說後，便下令將10個石鼓運到城南供其觀賞。幾個月後，叛軍逼近鳳翔時，為了避免其遭到叛軍破壞，石鼓被人埋於野外。

安史之亂被平定後，韓愈寫了一道奏章，請求朝廷找尋石鼓並妥善安置，但朝廷並沒有把這當回事。

8年之後，時任國子祭酒的鄭余慶偶然發現韓愈的奏章，便奏請朝廷找回石鼓。終於，埋於荒野的石鼓被挖出，並移至鳳翔孔廟中。遺憾的是，當時只尋得9枚石鼓，另外1枚石鼓（即作原鼓，以石鼓上的開頭兩字而得名）離奇失蹤了。

而後李唐王朝覆滅，五代十國，硝煙四起。戰亂中，鳳翔孔廟被燒毀，9枚石鼓也被人盜走，不知所蹤。

960年，趙匡胤發動陳橋兵變，建立了宋。到了宋仁宗時，皇帝便下令尋找遺失已久的石鼓。當時司馬光擔任鳳翔知府，其子司馬池費盡周折，終於尋到失蹤多年的9枚石鼓，但作原鼓依然不見蹤跡。

為了討好皇帝，司馬池便依據石鼓拓本仿製了作原鼓，並將10枚石鼓獻給宋仁宗。宋仁宗非常高興，便大大封賞了司馬池。不過，經驗豐富的金石學家經過仔細鑒定，認為其為仿製品，司馬池亦被定為欺君之罪。

那麼，作原鼓到底去哪裡了？

在宋仁宗皇佑年間，金石收藏家向傳師意外得到一本作原鼓的拓本，他欣喜若狂，便想通過這本拓本找到作原鼓的原石。經過一番努力，他查清楚這本拓本來自關中的太氏家族。於是，向傳師興致勃勃地前往關中的太氏村，卻被眼前的一幕驚呆了。原來，太氏一家的房屋都被燒毀了。向傳師忙問周邊村民原因，村民告訴他：太氏家人在一年前的瘟疫中喪命了，為防止瘟疫蔓延，其房屋也被官府燒了。

向傳師垂頭喪氣地來到附近一家客棧，準備好好休息一番後再作打算。突然，他聽到後院傳來一聲聲"霍霍"的磨刀聲，原來，一個屠夫正在一個圓石做成的磨刀石上磨刀。向傳師朝那塊磨刀石掃了一眼，竟然發現上面依稀有些字跡。他蹲下來仔細查看，竟然發現這就是他尋找多時的作原鼓。

當時，這個石鼓被人削掉一截，中間被掏成春米的石臼，屠夫見上面裂開了兩道口，便將其用來磨刀。

向傳師尋到作原鼓後，忙給鳳翔知府寫了一封書信。於是，知府派人將作原鼓送到東京汴梁（今河南開封），朝廷亦重重封賞了向傳師。

至宋徽宗時，皇帝下令將 10 枚石鼓遷至汴梁辟雍裡面。一天，宋徽宗心血來潮，命人在石鼓文字的槽縫中填滿黃金，他認為這樣可以保護石鼓。

宋徽宗愛好文藝，卻不懂得治理國家。靖康之恥後，徽欽二帝被金人擄走，東京中的無數珍寶亦被押往燕京。金人看見石鼓上填滿了黃金，便將其擄走，但金人並不瞭解石鼓的價值，只是將其上的黃金剔除下來，又將石鼓送到野外丟了。

後來，燕京被南宋和蒙古聯軍攻破。御史大夫王楫偶然在荒野中發現了 10 枚石鼓，便命人將其送至孔廟中保護起來。

現在，石鼓的原石藏於故宮博物院，但由於年代太久，上面的文字早就漫漶不清，我們只能通過早期拓本來一睹石鼓文的風采。

四、秦代書法

1. 小篆

春秋戰國時期，諸侯割據，各國文字繁簡不一，其文字形體、書法風格也不統一。

西元前221年，秦始皇統一六國後，實施了"車同軌，書同文"的施政措施。為了統一六國文字，秦始皇讓丞相李斯負責整理、改革文字。李斯以戰國時期秦國的文字為基礎，"罷其不與秦文合者"，創造了一種全國範圍內通用的官方文字——小篆。因此，李斯被後世稱為"小篆之祖"，他亦為中國的文字統一做出了重大貢獻。

後來，李斯作《倉頡篇》，趙高作《爰曆篇》，胡母敬作《博學篇》，這三篇文章用小篆書體並頒行天下，供天下學人參考使用。現在，這三篇字書早已失傳，但其書寫的小篆字體，卻通過刻石得以保存下來。

為了"示疆威，服海內"，秦始皇多次巡遊全國。秦始皇巡遊時，為了彰顯威儀、歌功頌德，往往要刻石記功，其文字皆由李斯書寫。根據《史記‧秦始皇本紀》記載：秦始皇二十八年（西元前219年）的刻石有《嶧山刻石》《泰山刻石》《琅琊刻石》；秦始皇二十九年（西元前218年）的刻石有《芝罘刻石》《東觀刻石》；秦始皇三十二年（西元前215年）的刻石有《碣石刻石》；秦始皇三十七年（西元前210年）的刻石有《會稽刻石》。秦二世胡亥即位後，又讓人在這7塊刻石上加刻了一道詔書，言明原石為秦始皇巡遊時所刻。

《嶧山刻石》原立於嶧山書門，後拓跋燾登嶧山時將其推倒，但慕名的文人墨客、達官貴人依然蜂擁而至，想將李斯的小篆摹拓下來。當地官民不堪其擾，便在碑石下放置薪火，將原碑焚毀。碑雖毀掉，但拓片猶留存於世。為了能讓更多人看到李斯小篆的面貌，有人將拓片文字刻制在棗木板上。後來，杜甫在《李潮八分小篆》中還記述了這件事："嶧山之碑野火焚，棗木傳刻肥失真。"宋淳化四年（993年），鄭文寶根據南唐徐鉉摹本，將《嶧山刻石》進行了翻刻，碑石今存西安碑林。不過，重刻的《嶧山刻石》風格與李陽冰篆書相似，與秦篆的古質氣質則有所差別。

《嶧山刻石》《泰山刻石》《琅琊刻石》《芝罘刻石》《東觀刻石》《碣石刻石》《會稽刻石》7塊刻石，有的被投入海中，有的毀於兵火，有的散佚不見，原石留存下來的只有《琅琊刻石》。但是，由於年代太久，《琅琊刻石》上面的文字早就漫漶不清，我們現在能看到的拓本為秦二世補刻的13行殘文。

總之，秦代石刻的原貌早就渺不可尋了，我們亦無法看到秦小篆的真正面貌，只能通過宋代刻本來窺得一二。大致而言，秦小篆具有如下特點：

嶧山刻石拓片

在字體形態上，呈長方形，長寬比例大致相似；在用筆上，含蓄委婉，筆劃粗細一致，以圓筆居多，但圓中寓方，圓潤中見方硬；在結構上，平衡對稱，端莊嚴謹，橫密縱疏，空間分割均衡；在體勢姿態上，筆劃舒展，字體上緊下鬆，有婀娜飄逸之美。

有意思的是，李斯曾說過這樣一句話："吾死後九百四十二年間，當有一人替吾跡焉。"約900年後，果真有一位善小篆的高手，他就是唐代的李陽冰。李陽冰繼承李斯衣缽，擅長"玉箸篆"，被譽為"李斯後小篆第一人"。

2. 詔版權量銘文

秦代刻石文字是重要場合的官方文字，多為李斯所寫，字體規範莊重，而秦代詔版權量銘文多為工匠所刻，雖然也以小篆為主，但都摻雜了隸書筆意，風格率性。

秦始皇統一六國後，為了統一度量衡，便在權、量(權即秤錘，量即升、鬥)等標準器皿上刻上一道詔書。後來，秦二世又命人在上面加刻一道詔書。這些詔書為工匠所刻，皆用刀鑿急就而成，其風格恣肆率意、平實質樸。詔版權量銘文與秦代刻石文字風格迥異，如果說秦代刻石文字是在莊重場所裡坐著的嚴肅貴族，那麼詔版權量銘文則是個性灑脫的村野鄉民。天真爛漫是詔版權量銘文的特點，亦是秦代書法的閃光之處。

五、琳琅滿目的兩漢書法

1. 兩漢簡牘書法

《墨子·明鬼篇》中寫道："古者聖王必以鬼神為，其務鬼神厚矣。又恐後世子孫不能知也，故書之竹帛，傳遺後世子孫。鹹恐其腐蠹絕滅，後世子孫不得而記，故琢之盤盂，鏤之金石以重之。"在新中國成立前後，各種出土的晉代木簡都說明，直到晉代，中國很多地方依然在使用簡牘。可見，在兩漢時期，當時的主要書寫載體依然是竹木與帛。在宦官蔡倫改進造紙術後的相當長一段時間裡，紙並未被普遍使用。

那麼，簡牘是什麼呢？《說文解字》中是這樣解釋的："簡 牒也。"《論衡·量知篇》中說："斷木為槧，析之為板，力加刮削，乃成奏牘。"換言之，簡就是用竹木製成的片狀物，削平刮光後用來書寫。用竹做的簡叫竹簡（多用毛竹、慈竹製成），用木做的簡叫木簡（多用松木 柳木製成）。竹簡在使用前，為了避免以後被蟲蛀，先要經過"殺青"的工序。所謂"殺青"，就是將新砍伐的竹片放在火上炙烤，去其汁液，竹片上

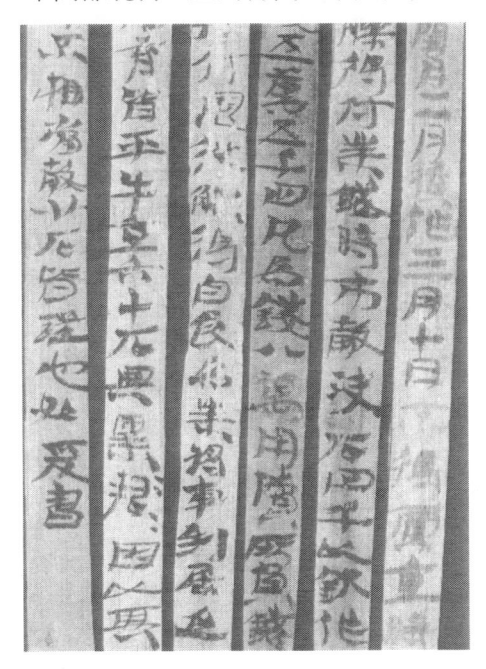

西漢河西簡牘

狀如出汗，故也稱為"汗青"。文天祥曾作詩曰"留取丹心照汗青"，其中的"汗青"，本為竹簡的意思，這裡借指史冊。

根據書寫內容不同，漢簡長度也不一樣。一般來說，簡牘長 23 釐米，寬 1 厘米，厚 0.2~0.3 釐米。由於漢尺長 23.5 釐米，故一根簡牘長約一尺，也稱其為"尺牘"。其他牘冊長度分別是：皇帝詔書長度為一尺一寸，經典長二尺四寸，一般記事和諸子書籍長一尺，檄文（官方文書）長二尺，記載法律的簡牘長二尺。

用繩將多個簡牘連接起來，可以編成冊。編繩多用皮革、絲綸或麻繩。孔子讀《易經》時，經常將簡牘翻來覆去地看，由於太過勤奮，三次將穿簡牘的熟牛皮翻斷。這就是"韋編三絕"一詞的來歷。

迄今為止，我國共出土了數萬枚簡牘，其中西漢時期的簡牘居多。

西漢初期的簡牘書法，以長沙馬王堆一號漢墓出土的簡牘為例，可以得出其書法特徵有如下幾點：逆入平出，線條頭粗尾細，有些字還帶有華麗的波磔，如"瓦、勺、寸、衣"等字。

除了長沙馬王堆一號漢墓外，馬王堆三號漢墓、安徽阜陽雙古堆一號墓、湖北江陵鳳凰山十號漢墓等處出土的簡牘書法，其風格都和西漢早期的隸書風格相似。

從河北定縣八角廊四十號漢墓出土的竹簡書法可以看出，到了西漢中晚期，

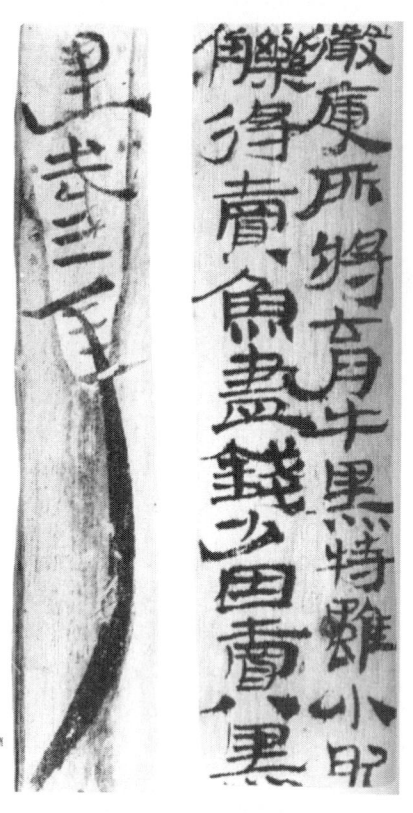

居延漢簡

馬王堆一號漢墓竹簡簽牌

隸書已經完全成熟，並脫離了小篆的風格。此時的隸書筆法較之前更為豐富，且實用、美觀。因此，隸書在西漢十分流行。

現在出土的東漢早期簡牘，其書法風格與西漢中後期類似，出土的中後期簡牘數量非常少。概言之，東漢簡牘書法延續了西漢中晚期隸書的特徵。除了隸書外，出土的東漢簡牘上亦出現了草書。依據出土實物證實，東漢晚期，草書已經完全成熟。

2. 西漢的銘刻書法

《墨子·貴義》記載："古之聖王，欲傳其道於後世，是故書之竹帛，鏤之金石，傳遺後世子孫，欲後世子孫法之也。"說明在先秦時，天子冊命、諸侯建功立業等大事均銘刻於金石之上，已成為一種制度風俗沿襲下來。

刻石

西漢初年，統治者推崇無為而治。太學設立之後，太學博士只是擔任文化傳播的任務，故西漢一代並沒有興起樹碑立傳的風氣，所以傳下來的刻石也極為稀少。西漢時期的刻石，大概有：

楊量買山地記拓片

《群臣上醻刻石》，高約 1.45 米，寬約 0.28 米，石刻內容為："趙廿二年八月丙寅群臣上醻此石北。"這塊刻石是趙王劉遂的下屬為其祝壽時所刻。上面的字體為小篆，但體勢並非秦小篆的縱勢，而呈現一種橫扁的態勢。可見，此時的字體正由小篆向隸書過渡。

《魯北陛石題字》，長 0.95 米，寬 0.42 米，刻有"魯六年九月所造北陛"9 個字，其書法字體為小篆，但"月""陛"兩個字已經具有典型的隸書特徵。

《霍去病墓石題字》，刻有"左司空"3個篆字和"平原樂陵宿伯牙霍巨孟"10個隸體字。其書法風格樸茂古拙、渾然天成，與墓四周的石獸風格類似。

《楊量買山地記》，高0.49米，寬0.67米，刻有"地節二年十月巴州民楊量買山直錢千百作業守子孫永保其毋替"共27個字，由於曆史悠久，其中兩字漫漶不清，但字面意思較為明白，記載的是巴州楊量花錢買得山地，並告誡子孫後代要永保祖業，不得變賣。該刻石字體為隸書，書法風格古拙厚重。

《五鳳刻石》，寬0.7米，左側高0.38米，右側高0.4米。刻有"五鳳二年魯卅四年六月四日成"13個字。刻石字體為隸書，書風高古。

《廣陵王中殿石題字》，該組刻石共4塊，一塊刻有"中殿第廿八"5個字，一塊刻有"第百卅"3個字，一塊刻有"石第百八"4個字，一塊刻有1個字，但已經無法辨識。這組刻石是清代金石學家阮元在江蘇都甘泉山惠照寺臺階下尋得，刻石字體為隸書，書風凝重。

五鳳刻石拓片

萊子侯刻石拓片

《萊子侯刻石》，高0.44米，寬0.65米，刻石內容為"始建國天鳳三年二月十三日，萊子侯為支人為封，使偖子良等用百餘人，後子孫毋壞敗"，刻石書法古樸灑脫。

此外，還有《魯孝王陵塞石》《麃孝禹刻石》《郁平大尹馮君孺久墓室題記》等刻石。

整體來說，西漢刻石存世較少，其形制不固定，字數也較少，書風樸茂、渾然天成。

陶器文字

西漢時期，陶器的使用已經非常普遍，因此挖掘出土的西漢陶器也非常多。在出土的西漢陶器裡，少部分陶器上能看見刻畫文字。

漢代的陶器文字，根據刻制方法不同，大概可以分為三類：

先用毛筆在陶器上書寫，然後用刀錐依照毛筆所書文字刻畫而成。這類文字相對規範、工整。不用毛筆書寫，而直接用刀錐在陶器上刻畫。這類陶器文字風格硬瘦峻挺、率性灑脫。

在陶器未燒前，用刻刀或鑿子直接在濕軟的泥坯上面刻畫文字。如西漢初期"將行內者"陶器即屬此類。這類文字使轉處不露圭角，筆劃隨意恣肆。

瓦當文字

瓦當又稱"瓦頭"，是指屋簷最前端的瓦片，其主要功能是排水、防水。在瓦當表面，裝飾有圖案或文字，因此，瓦當是集實用性與藝術性為一體的建築構件。漢代瓦當依據裝飾圖案不同，可以分為四類：文字瓦當、圖案瓦當、圖像瓦當、圖文結合瓦當。

純文字瓦當中，有單字的，如"衛"字、"關"字瓦當；有2個字的，如"千秋""華倉"瓦當；有3個字的，如"甲天下""宜子孫"瓦當；有4個字的，如"長樂未央""漢並天下"瓦當；有5個字的，如"八鳳壽存當""延壽長相思"瓦當；有6個字的，如"千秋萬歲富貴""千金宜富貴當"等；有7個字的，如"長樂毋極常安居""千秋利君長延年"等；還有8個字或8個字以上的，如"惟漢三千大並天下""天子千秋萬歲長樂未央""天地相方與民世世中正永安"等。

西漢"延年益壽"文字瓦當

瓦當文字的讀取順序，有順時針方向，也有逆時針方向，還有回環交錯的。漢代瓦當的字體有小篆、隸書、繆篆、鳥蟲篆等，其文字內容多為吉語，文字排列和諧勻稱、佈局講究，風格天真爛漫、華麗多變。

銅器銘刻文字

1980年，在山東淄博發現了西漢第二代齊王劉襄的墓，經過挖掘，發現裡面一共有6000多件銅器。其中生活用品上大多刻有銘文。

西漢早期的銅器銘文，其結構、位置都隨意而不規整。西漢中期的銘文，則更為整齊美觀，體現了書法藝術的裝飾作用。西漢晚期至新莽時期，銅器銘文結體方正，線條流暢生動，如"新嘉量銘"，結構緊湊，筆劃舒展，體態較秦篆更為方勁。

東漢時期，帶有銘文的銅器多為小物件，如帶鉤、書刀、弩機等，其銘文書法較西漢時期更為精巧，如《熹平六年鐘銘》，用筆遒勁婉轉，線條秀潤挺拔，呈現出一種嫻雅安詳的氣息。

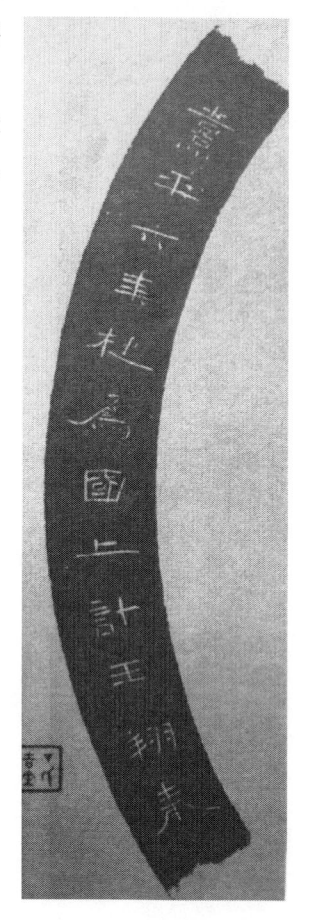

熹平六年鐘銘拓片

3. 東漢的刻石書法

東漢時，統治者推崇儒學，提倡孝道，社會上樹碑厚葬的風氣非常濃厚，但是由於連年戰亂，許多石碑被毀壞了。現在存世的碑刻拓本共有400多種，許多東漢碑刻拓本都是學習書法的極佳範本。

東漢劉熙在《釋名·釋典藝》中寫道："碑，被也。此本葬時所設也。"碑在古代本為引棺下葬的大木，後來人們將木碑改為石碑，上面刻有為墓主述功紀德的文字。

東漢的隸書碑刻燦若繁星，讓人目不暇接。其中，藏於山東孔廟中的《乙瑛碑》《禮器碑》《史晨碑》合稱"孔廟三碑"，為歷代書家所看重。清代王澍曾這樣評價道："《孔和》（即《乙瑛碑》）遒古，《韓敕》（即《禮器碑》）清超，《史晨》肅括。"

《乙瑛碑》又稱《孔和碑》，全稱為《漢魯相乙瑛奏置孔廟百石卒史碑》，是東漢永興元年（153 年）所立。《乙瑛碑》書風嚴謹樸素。清代萬經評論此碑時說："字特雄偉，如冠裳佩玉，令人起敬。"清代翁方綱評論此碑："骨肉勻適，情文流暢。"清代何紹基亦評價道："樸翔捷出，開後來雋麗一門，然肅穆之氣自在。"

乙瑛碑拓片（局部）

《禮器碑》又稱《韓敕碑》，全稱為《漢魯相韓敕造孔廟禮器碑》，是東漢永壽二年（156 年）所立。《禮器碑》書風剛健瘦勁。明末清初碑學宣導者郭宗昌在《金石史》一書中這樣評價道："其字畫之妙，非筆非手，古雅無前，若得之神功，弗由人造，所謂'星流電轉，纖逾植髮'，尚未足形容也。漢諸碑結體命意，皆可仿佛，獨此碑如河漢，可望不可即也。"清代王澍這樣評價此碑："唯《韓敕》無美不備，以為清超卻又遒勁，以為遒勁卻又肅穆。自有分隸以來，莫有超妙如此碑者。"

《史晨碑》又名《史晨前、後碑》，前碑全稱為《魯相史晨奏祀孔子廟碑》，是東漢建寧二年(169 年)所立，後碑全稱《魯相史晨饗孔子廟碑》，是東漢建寧元年（168 年)所立。《史晨碑》字體方正典雅，書風肅穆。書法家對此碑評價甚高，郭宗昌在《金石史》評價道："分法複爾雅超逸，可為百代模楷，亦非後世可及。"

禮器碑拓片（局部）

清代楊守敬在《平碑記》中亦評價此碑："昔人謂漢隸不皆佳，而一種古厚之氣自不可及，此種是也。"

除"孔廟三碑"外，東漢的碑刻書法中，《曹全碑》《張遷碑》《石門頌》等亦為經典之作。

根據風格不同，可將東漢碑刻書法分成不同類型。

清代學者朱彝尊在《西嶽華山廟碑跋》中寫道："漢隸凡三種：一種方整，《鴻都石經》《尹宙》《魯峻》《武榮》《鄭固》《衡方》《劉熊》《白石神君》諸碑是已；一種流麗，《韓勑》《曹全》《史晨》《乙瑛》《張遷》諸碑是已；一種奇古，《夏承》《戚伯著》諸碑是已。"

王澍在《虛舟題跋》中將漢碑分為雄古、渾方整3類。康有為在《廣藝舟雙楫·本漢》則將漢碑分為駿爽、疏宕、高深、豐茂、華豔、虛和、凝整、秀額8種類型。

曹全碑拓片（局部）

著名學者侯鏡昶在《書學論集》之《東漢分書流派評述》一文中將東漢碑刻書法分為15種風格流派，其論述觀點影響較大。現將其觀點引述如下：

方正派，代表碑刻有《張遷碑》《校官潘乾碑》《張壽殘碑》《武榮碑》《鮮於璜碑》《衡方碑》。

方峻派，代表碑刻有《景君碑》《楊瑾殘碑》《嵩山太室闕》。

纖勁派，代表碑刻有《韓敕碑》《韓仁銘》《楊叔恭碑》《馮煥闕》《鄐君褒斜道刻石》。

華美派，代表碑刻有《華山碑》《夏承碑》《趙寬碑》。

奇麗派，代表碑刻有《乙瑛碑》《鄭固碑》。

平展派，代表碑刻有《孔宙碑》《尹宙碑》。

秀勁派，代表碑刻有《曹全碑》《孔彪碑》。

抬蕩派，代表碑刻有《劉熊碑》《子遊殘碑》《劉君殘碑》《元孫殘石》。

寬博派，代表碑刻有《魯峻碑》《圉令趙君碑》。

台閣派，代表碑刻有《史晨碑》《張景碑》《熹平石經》《朝侯小子殘碑》。

勁直派，代表碑刻有《封龍山頌》《秦書左闕》《三公山碑》。

摩崖派，代表碑刻有《石門頌》《劉平國碑》《郙閣頌》《西狹頌》《耿勳碑》。

雄放派，代表碑刻有《王稚子闕》《樊敏碑》《高頤碑》《高頤東闕》《高頤西闕》《孟孝琚殘碑》。

恬逸派，代表碑刻有《三老諱字忌日記》《跳山買山刻石》。

守成派，代表碑刻有《嵩山少室闕》《嵩山開母廟闕》《裴岑碑》《沙南侯獲碑》《粘蟬平山君碑》。

4. 東漢的磚文

西漢後期，開始出現了模印紀年磚，但數量很少。東漢時期，官宦家盛行厚葬之風，墓室的文字磚較為常見。現在出土的帶文字的東漢條形磚，受到文物收藏者的喜愛。

墓室用磚多為長方形，有些墓磚的側面和頂端模印有文字、紋飾和畫像。有文字、紋飾圖案的墓磚，都露於牆面。

東漢的磚文內容多為紀年，亦有吉語或墓主姓氏。東漢的磚文字體有隸書、小篆和行草，隸書所占的比例較大。根據文字風格及印製方式不同，我們可將東漢的磚文分為模印、幹刻、濕刻三種。

總體來講，模印磚文章法較為嚴整。有時由於模印文字是正文，墓磚文字則全是反文。

幹刻磚文是直接用刀、鑿等工具在堅硬的磚石上刻寫的文字，筆劃用單刀刻成。東漢的刑徒墓磚上多有幹刻磚文，線條尖銳鋒利，

東漢刑徒墓磚文拓片

體態恣肆隨意，看起來讓人心生悲愴、蒼茫之感。

濕刻磚文是在燒制之前，用刀、錐在濕軟的磚坯上刻制而成的文字。這類磚文線條流暢，氣勢連貫，有的濕刻磚文還能看出一些提按動作，書法價值較高。

5. 兩漢的書法家

"草聖"張芝

張芝（生卒年不詳），字伯英，敦煌酒泉（今甘肅酒泉）人，東漢書法家。西晉衛恒在《四體書勢》中記載了張芝學習書法的故事：張芝從小開始學習書法，他的父親張奐讓人在河邊打造了石桌、石凳、墨池。張芝學書非常勤奮，他先在帛上練字，待寫滿後將帛放池中漂洗乾淨再接著寫。這樣日復一日、年復一年，墨池中的水都變黑了。

"墨池"因此而來，後人也把學習書法稱為"臨池"。除了勤奮學書外，張芝亦有高尚的節操，他淡泊好古、不慕功名，多次婉拒了朝廷的"有道"征封。不過，人們還是喜歡用"張有道"這個名稱來稱呼他。

在張芝之前，人們寫草書是字字區別、筆筆分離，但張芝卻創立了上下筆、牽連不絕的新寫法，因此被人稱為"草聖"，他所創立的草書亦被人稱為"一筆書"。

張芝流傳下來的書跡非常少，但後人對其評價極高。唐代懷素認為自己的書法得益於"二張"（即張芝、張旭）最多；唐代張懷瓘在《書斷》中曾評價張芝的草書"如其流速，拔茅其茹，上下牽連，或借上字之下而為下字之上，奇形離合，數意兼包"，並將張芝草書列為"神品"。"書聖"王羲之最為佩服的前輩書法家有兩人，一為鐘繇，一為張芝，他曾說道："然剖析張公之草，而濃纖折衷，乃愧其精熟；損益鐘君之隸，雖運用增華，而古雅不逮，至研精體勢，則無所不工。"

除善草書外，張芝還善制筆，可見其書法的綜合素養是很全面的。

鴻都門學書法家

漢靈帝光和元年（178年），朝廷在洛陽鴻都門設立了專門學習、研究文學藝術的學府，名曰"鴻都門學"。鴻都門學開設辭賦、書畫等課程，培養了大批具有較高藝術造詣的書法家，代表人物有師宜官、梁鵠等。

師宜官（生卒年不詳），南陽（今河南南陽）人，東漢書法家。衛恒《四體書勢》曾記載，師宜官善書，亦好酒，但他去酒館喝酒從不帶酒錢。喝完酒後，他便在酒店牆壁上寫字，引來許多客人圍觀。酒店老闆因師宜官的書法招來了更多顧客，便免去其酒錢。梁鵠很喜歡師宜官的字，便暗中學習。他還經常提供美酒給師宜官喝，待師宜官喝得大醉之時，便偷偷將其寫字的木板拿走。後來，梁鵠因為書法出眾而做了大官。師宜官後來投奔袁術，袁術在巨鹿立有《耿球碑》，碑上書法甚為工整，相傳是師宜官所書。

梁鵠（生卒年不詳），字孟皇，安定烏氏（今甘肅平涼）人。漢靈帝很喜歡梁鵠的書法，便把他封為選部尚書、涼州刺史。黃巾起義後，梁鵠投奔劉表。曹操攻破荊州後，梁鵠又投至曹操門下。曹操也很喜歡梁鵠的書法，常常將其書作掛在營帳中欣賞。曹操還認為，梁鵠的書法水準在師宜官之上。

士大夫書法家蔡邕

蔡邕（133年—192年），字伯喈，陳留郡圉（今河南開封陳留）人。東漢著名文學家、書法家，著名才女蔡文姬之父。因官至左中郎將，後人稱他為"蔡中郎"。蔡邕博學多才，善寫隸書，名重一時。

相傳"飛白書"為蔡邕所創。一次，漢靈帝下旨讓蔡邕寫《聖皇篇》。蔡邕寫好文章後，便將其送到鴻都門學。他在鴻都門學門口看見幾個工匠正用掃帚蘸著石灰水刷牆，便有意無意地掃了幾眼。

這一看不要緊，他發現工匠在刷石灰時，並不是均勻地塗滿，掃帚刷過之後，有些牆皮還是露了出來。蔡邕想："如果寫書法也能達到這種效果，那該多好呀。"

回家之後，蔡邕就實驗了起來。他用毛筆蘸上墨汁，揮筆掃了過來，但是總達不到理想的效果。後來，他又實驗了多次，終於有了經驗。他控制好墨水分量，然後掌握好運筆速度，寫出的筆劃絲絲露白，線條亦顯得蒼勁靈動。

蔡邕的這種獨創方法很快流行開來，人們稱其為"飛白書"。

漢靈帝時，蔡邕為議郎。當時，很多儒家經典書籍都是輾轉傳抄的，很多文字都存在謬誤，一些水準不高的儒生在講解經文時亦牽強附會。為了不貽誤後學，漢熹平四年（175年），蔡邕和五官中郎將堂溪典、光祿大夫楊賜、諫議大夫馬日磾、議郎張馴、太史令單颺等上書漢靈帝，請求朝廷下旨正定六經文字。漢靈帝同意了，並讓蔡邕負責刊刻石經。蔡邕等人將六經文字書丹石碑之上，經石工鐫刻後將其立於太學門口。立碑石那天，前來觀摩的人非常多，把太學門口的道路都堵塞了。

刊刻石經的工程很大，共刻《周易》《尚書》《魯詩》《儀禮》《春秋》《公羊傳》《論語》七部經書，一共用石46塊，總字數有20多萬字。由於此石經的書寫、鐫刻工作始於漢熹平四年，且為隸書一種書體，人稱其《熹平石經》，亦稱為《漢石經》或《一字石經》。

《熹平石經》的文字雖然風格端正規範，但也顯得程式化而缺乏活力，比起古拙樸茂的其他東漢碑刻書法，其書法藝術價值並不很高。

蔡邕除了工隸書外 亦善篆書。衛恒在《四體書勢》中說道："采（李）斯、喜之法，為古今雜形，然精密閑理不如（邯鄲）淳也。"東晉書法家羊欣《采古來能書人名》亦記載道："真定《宜父碑》文猶傳於世，篆者師焉。"不過，蔡邕的書名雖然很高，但沒有書法作品留存下來。雖然有《熹平石經》的殘石留存下來，但是並不能確定哪塊石經殘石為蔡邕所書，我們亦無法確定蔡邕書法的本來面貌。

第二編　三國兩晉南北朝書法

　　三國兩晉南北朝時期，戰亂頻繁，佛教興盛，人們追求瀟灑不羈的生活情趣，書法藝術亦表現出強烈的時代特徵。這一時期，書法家輩出，最為有名的當屬鐘繇與王羲之、王獻之父子。

　　南北朝時期的石刻書法琳琅滿目，風格多姿多彩、蔚為大觀，最為著名的有《龍門二十品》《張玄墓誌》《鄭文公碑》《張猛龍碑》《瘞鶴銘》《石門銘》《爨龍顏碑》等。

一、三國書法

1. 概述

　　在中國書法發展史上，三國書法屬於書體變革期，此時，楷書、行書、草書日臻發展，書法藝術達到了較高的層次。三國書法呈現出繁榮之景，與當時的時代背景有著莫大的關聯：首先，兩漢書法為三國書法的發展鋪墊了道路，書法集實用、審美、藝術等元素於一身，"書品即人品"的觀念影響甚廣，激發了人們研習書法的熱情；其次，生產力的提升也是書法發展必不可少的條件，文房四寶——筆、墨、紙、硯的製造工藝得到不斷改進，其中紙張的改良與推廣更是一大跨越，這使得落筆下墨愈加流暢，書寫愈加自然；再次，三國時期碑刻的暢行也為書法提供了較為廣闊的展示平臺，這些石碑上的書法造詣頗高，雖不知出自誰人之手，卻無疑是當時書壇大家的代表作，反映了三國書法的全新氣象；最後，書法藝術不僅體現在書法本身，所書內容亦是決定書法成就的一大重要因素，而三國時期文藝思潮的湧動恰好滿足了這一點，文學底蘊與書法藝術的完美結合讓書法呈現出異樣的光彩。

2. 碑文上的藝術

　　碑本是沒有文字的豎石或椿。在古代，被用來引棺入墓的特定碑稱為豐碑，原為天子而制。然而，春秋"禮樂崩壞"之際，諸侯僭用豐碑的現象十分普遍。《禮記》有雲："夫魯有初，公室視豐碑，三家視桓楹。"作為公室（指春秋戰國諸侯），魯國國君本來是沒有資格立碑的；三家（指瓜分晉國的三家大夫——韓、魏、趙，後被周天子封為諸侯）這樣的諸侯大夫級同樣不能享用"桓楹"（古代天子、諸侯墓葬是下棺所用的大柱子）。從這句話的語境中，我們不難得知，豐碑還指代一種墓葬的規格。後來，不僅公室成員，諸侯也以碑下葬。至漢代，立碑已成為一種習俗，世族大家厚葬之風盛行。為了抑制厚葬鋪張，東漢建安十年（215年），曹操頒佈"禁碑令"後，屢次禁碑，但依舊有一些碑刻留存下來，讓後人得以鑒賞到當時的書法藝術。

《天發神讖碑》建於三國吳天璽元年（276年），又名《天璽紀功碑》。宋之前，該碑斷為三塊，因而得名《三斷碑》，傳為吳國廣陵江都的皇象所書。皇象有"書

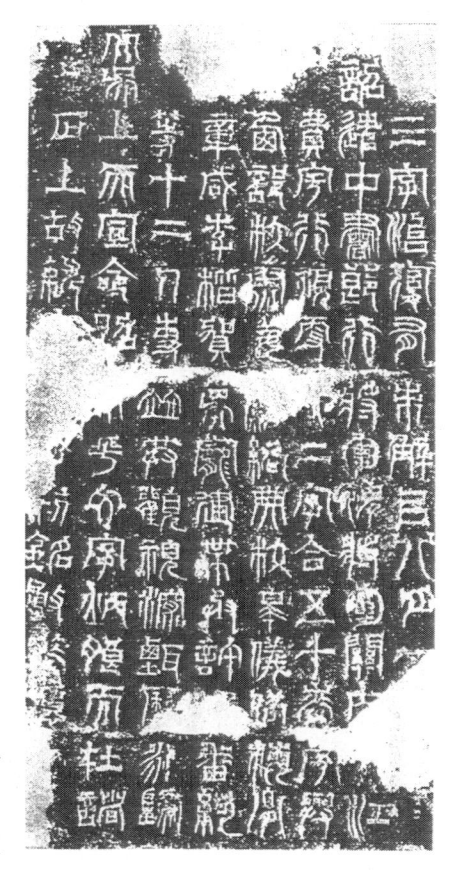

天發神讖碑拓片（局部）

聖"之稱，其草書尤為精妙，被時人推崇為一絕。此碑上的書法非隸非篆，但更偏向於篆書，筆鋒雄健、筆意恢宏、氣勢磅礴，下筆多呈方棱之態，收筆多有尖鞘之意，轉折時方圓兼備，構造出奇異的景象。無論是在筆法方面，還是在體勢方面，該書法均空前絕後，獨領風騷，堪稱東吳石刻文字的集大成者。

《受禪表碑》刻於三國魏黃初元年（220年），立於河南省臨潁縣繁城鎮廢弛已久的漢獻帝廟中。東漢延康元年（220年）冬，漢獻帝退位於曹丕。曹丕登基後，令人篆刻此碑，記載"受禪"一事。該碑不僅具有重要的歷史參考價值，所展露出的書法價值也不可忽視。其文字結構方整嚴謹，下筆凌厲剛健，氣勢典雅渾厚，不失大家風範，引領書法由漢代的勁瘦隸書向唐代的方潤楷書過渡。

《上尊號碑》同樣藏於河南省的漢獻帝廟，全稱為《魏公卿將軍上尊號奏》，又名《百官勸進表》《勸進碑》《上尊號奏》。此碑成文於東漢延康元年（220年），刻於魏黃初後，碑上記載著東漢獻帝末年，華歆、賈詡等大臣進勸曹丕一事。當然，與《受禪表碑》一樣，這只是曹丕故意表現出來的政治姿態，意在彰示世人自己登基實非本意。《上尊號碑》以"方正峻麗"著稱，常與《受禪表碑》並稱，被視為"六朝真書之祖"之一。其隸法遒古，書風與《受禪表碑》相近，然字形上稍顯方正，風格清俊典雅，起落之間盡顯空靈脫俗，引領兩晉南北朝書法的輝煌，更為唐初書法的發展奠定了十分穩固的基礎。

　　《急就章》原名《急就篇》，西漢元帝時期，黃門令史遊受命編纂一本專供兒童識字的課本，於是他極盡巧思，用不同的字組成三言、四言或七言的韻文，內容包含姓名、生物、禮樂、職官等，涉獵頗廣，有如濃縮型的百科全書。該書寫成之後，因篇首有"急就"二字而得名。從漢至唐，這本書一直是社會主流的識字課本，直到《千字文》《三字經》《百家姓》出現。最早的《急就章》寫本相傳出自皇象之手，今有刻本傳世。該本中，章草多用方筆，結構略扁，筆劃簡約凝重，動靜結合，各字體之間相互獨立卻又歸於統一，呈現出古拙渾厚的氣韻，是後人學習章草的範本之一。

　　《穀朗碑》全稱《吳九真太守谷朗碑》，碑主穀朗官至九真太守，卒於三國吳鳳凰元年（272年），其嗣孫谷起鳳、谷尚志等為之立碑。該碑原位於湖南耒陽城東穀府君祠，清代被移至縣城杜甫祠堂，後又轉至城內蔡侯祠（相傳為蔡倫故居）。《穀朗碑》雖為隸書刻就，但其字體與楷書非常接近，因而也有一些後世學者將其評定為楷書作品。只是，相較於其後的魏、唐臻於成熟的楷書該文體浸淫的隸書氣味更為濃厚。就書法層面而言，文字結體方勁，筆劃圓潤，風氣古樸，獨樹一幟，褪去了隸書的筆法，堪稱楷書文法的先鋒。歐陽修、趙明誠兩位後世的書法大家對此碑頗有讚譽，清末康有為亦推崇其為"真楷之極"。

3. 名家風範

　　　　三國亂世之中不僅豪傑輩出，書法藝術亦是欣欣向榮之景，名家輩出，有邯鄲淳、鐘繇、鐘會、皇象、韋誕、虞松、賀劭等。他們或偏好古文，或專注創新，以自己獨特的筆法在紙上搭建出一方水墨世界，為漢字增添了別樣風采。

邯鄲淳

邯鄲淳（約132年—221年），字子叔，又字子禮，潁川陽翟（今禹州市）人，三國時期魏國文學家、書法家。

邯鄲淳自小聰穎，博學多才，青年時離家遊學，拜於大書法家扶風、曹喜門下，經過勤學苦練，終於聲震書壇。他精於古文，以大篆見長，為傳承古文做出了巨大貢獻。

東漢初平年間，邯鄲淳為避戰亂，由長安入荊州。後來，曹操率兵南征荊州，久聞邯鄲淳大名，便"召與相見，甚敬異之"。赤壁之戰後，邯鄲淳跟隨曹操來到鄴城，曹丕、曹植得見後，爭相與他結交。後來，邯鄲淳與丁儀、丁廙、楊修一起並稱為曹植的"四友"。220年，曹丕稱帝，將邯鄲淳調至身邊任博士給事中。

鐘繇

鐘繇（151年—230年），字元常，豫州潁川長社（今河南長葛）人，三國時期魏國著名書法家 政治家。他官至太傅，與名士華歆、王朗並稱"三公"。鐘繇的書法成就極高，是楷書（小楷）的創始人，被後人尊為"楷書鼻祖"。

王羲之、王獻之等後世書法大家皆取法於鐘繇，在悉心鑽研其書法的基礎上得以悟出書法真諦，從而自成一派。此外，鐘繇還與有"書聖"之稱的王羲之並稱為"鐘王"。

鐘繇家族顯赫，祖輩皆以德行著稱。其父早亡，由叔父鐘瑜撫養長大，少時便面相不凡，天資甚高。相傳在他與叔父去洛陽的路上遇到過一位看相者，那人驚異於鐘繇之貌，對鐘瑜說道："此童有貴相，然當厄於水，努力慎之。"意思是說，這個孩子有富貴之相，只是會有淹水的厄運，應當儘量小心。沒多久，鐘繇在過橋時果然被突然受驚的馬匹掀翻到水中，差點被淹死。經此一事，鐘瑜對看相者的話愈加深信不疑，認定鐘繇將來必會有所成就。因此，他盡心栽培鐘繇，而鐘繇也不負所望，終成英才。

鐘繇學習書法非常勤奮刻苦，他跟隨劉德升學書法時曾三年沒有下山。無論白天黑夜，鐘繇都在練習書法。睡覺的時候，他還用手指在被子上比畫，最後把被子都劃破了。有時候，他去上廁所，由於頭腦中一直思考著書法問題，竟然忘記回家。

　　在勤學苦練的同時，鐘繇亦謙虛地跟同時代的書法家探討筆法問題。一次，他與曹操、邯鄲淳、韋誕等人討論書法的時候，看見韋誕手中有一本蔡邕論筆法的書，便請求韋誕將書借給自己看看，沒想到被韋誕婉拒了。鐘繇回家後，氣得用拳頭捶打自己的胸口，最後把自己打得吐血，並臥床不起。曹操知道後，派人送來五靈丹，才救了鐘繇一條性命。不過，鐘繇並沒有死心。他等韋誕死後，便偷偷派人將蔡邕論筆法的書拿了出來。得到筆法書後，鐘繇的書法便大有長進。可見，鐘繇對書法的學習真是到了一種如癡如狂的地步。

　　鐘繇對自己要求非常嚴格，對於弟子門生的要求同樣如此。據說，鐘繇的弟子宋翼跟他學書法時，一直沒有大的成就，鐘繇怒其不爭，便大聲呵斥他。宋翼羞愧不已，三年不敢去見老師。最後，宋翼發奮努力，終於悟得書法真諦，成為一名書法大家。

　　書法上，鐘繇主張"書跡者界也，流美者人也"，即書寫者的自身素質直接決定了其作品的流美程度。而歷史證明，這個當時看來超前的觀點是十分正確的。此外，鐘繇注重從自然物法中汲取精髓，並與理論相結合，因而他的字體古樸典雅、佈局嚴密、錯落有致，達到了筆下生花、出神入化的境界，成為三國時期最為偉大的書法家之一。就字體而言，鐘繇研習書法較為全面，工於三體，其中尤以楷書為最。只可惜，這些真跡到東晉時便已經散佚，今人無從得見，不過仍舊有一些臨摹本或是偽本留存下來，一般認為有"三碑""五表""六帖"。

　　"三碑"即《乙瑛碑》《上尊號碑》《受禪碑》這些全為刻本，可信度不高。"五表"是指《宣示表》《薦季直表》《賀捷表》（又名《戎路表》）、《調元表》《力命表》，這些是現存的最能代表鐘繇書法成就的作品。其中，《宣示表》傳為王羲之摹本，較為真實地重現了鐘繇的書法風貌。

　　而《薦季直表》更是以其"高古純樸，超妙入神"而被元代陸行直譽為"無上太古法書，天下第一妙跡"。《薦季直表》是鐘繇 70 歲高齡時，為了推薦

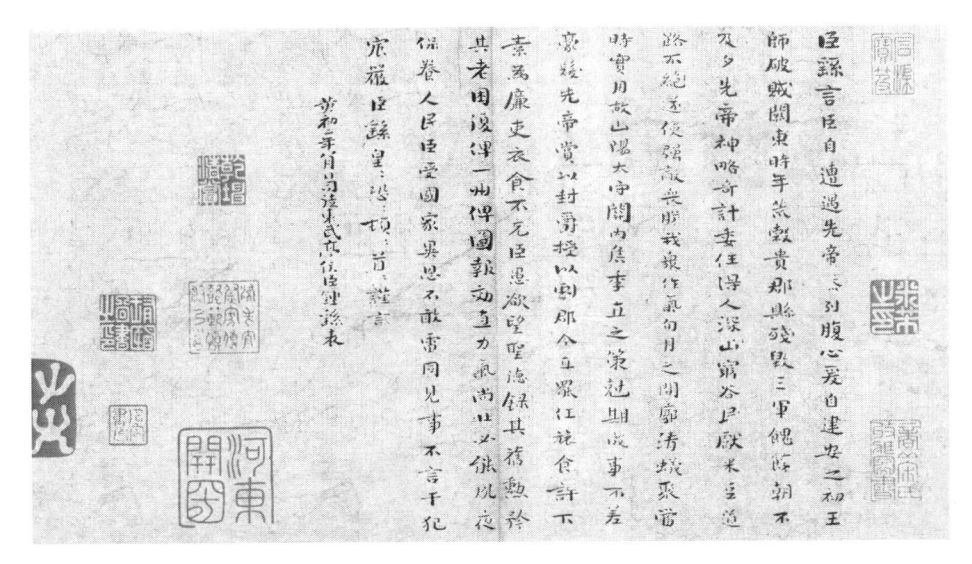

薦季直表

　　舊臣關內侯季直所書寫的奏表，此表用小楷寫成，風格高古，筆法超妙。《薦季直表》真跡輾轉流傳多人，後被宋代薛紹彭收藏，又轉到元代陸行直及明代沈石田、華夏等人手中。清代時，《薦季直表》被收入內府。八國聯軍攻陷北京後，此表落入一名英軍士兵手中，後被收藏家裴景福獲得。沒多久，這件作品又被人盜走並埋入土中，待它重見天日時，已腐蝕不堪了。此作品乃千古名作，結果卻面目全非，真是讓人慨歎不已。幸好有一幅真跡的照片遺留下來，我們今天才能一睹這幅書法名作的風采。

　　"六帖"指《墓田丙台》(簡稱《丙舍帖》)、《昨疏還示帖》(簡稱《還示帖》)、《白騎帖》《常患帖》《雪寒帖》《長風帖》(其後半部分又名《安厝帖》)。此六帖中，《丙舍帖》《還示帖》成就頗高，與鍾繇書風貼近，而其餘四帖則經多人臨摹仿寫後失了原貌，與"鍾體"相去較遠。

　　後人對鍾繇的書法成就評價極高，甚至將他與王羲之並稱"鍾王"。南朝梁武帝蕭衍在《古今書人優劣評》中這樣評價道："鍾繇書如雲鶴遊天，群鴻戲海，行間茂密，實亦難過。"

　　唐代張懷瓘在《書斷》中的評價可謂不吝惜讚美之辭："太傅雖習曹、蔡隸法，藝過於師，青出於藍，獨探神妙。"他認為鍾繇的楷書古雅，堪稱第一。他還評價道："真書絕世，剛柔備焉。點畫之間，多有異趣，可謂幽深無際，古雅有餘，秦漢以來，一人而已，雖古之善政遺愛結於人心，未足多也。……草書則衛索之下。……隸入神八分，入妙。"

鐘會

鐘會（225 年—264 年），字士季，豫州潁川長社（今河南長葛）人，三國時期魏國著名書法家、軍事家，是鐘繇幼子。

鐘會幼時便表現出驚人的天賦，不僅才華橫溢，且足智多謀。除了在政治舞臺上光彩奪目，鐘會在書法史上也留下了濃墨重彩的一筆。作為大書法家鐘繇的愛子，鐘會深受家庭環境的薰陶，再加上自身不懈的鑽研，終在書法上取得了頗高的造詣，與父親一起，被稱為"大小鐘"。

《書苑菁華》曾記載這樣一件事情：鐘繇去世前，交給兒子鐘會一本書法秘笈，並對鐘會說："我癡迷書法一生，並從蔡邕的筆法書中掌握了寫字的技巧。現在，我把這本書交給你，你一定要悉心掌握其中的訣竅。書法學習一定要用功，即使有所成就也不可懈怠。"

至唐代，鐘會的作品仍有流傳，張懷瓘曾評價其"稍備筋骨，美兼行草，尤工隸書。遂逸致飄然，有淩雲之志"。唐代張彥遠在《法書要錄》中將鐘會的書法定為九品中的"上品之下""真書第五""章書第六""草書第七"。不僅如此，鐘會還有一項書法絕技——模仿他人筆跡。抗蜀勝利後，鐘會偽造鄧艾書信，令司馬昭與鄧艾之間產生隔閡，從而趁機吞併了鄧艾的兵馬。《世說新語》中還記載了鐘會假冒外甥荀勖筆跡，向其母鐘夫人騙取荀勖心愛的寶劍一事。

皇象

皇象（生卒年不詳），字休明，廣陵江都（今江蘇揚州）人，三國時期吳國書法家，官至侍中、青州刺史。

皇象幼年時便開始鑽研書法，師從大書法家杜度，兼習各大家，博采眾長而自成一派。善篆、隸，尤擅章草，時人謂之"書聖"，譽為"一代絕手"。他的草書與曹不興的繪畫、嚴武的圍棋、鄭嫗的算相、吳範的善候風氣、趙達的算術、宋壽的解夢、劉敦的天文並稱"八絕"（亦稱"吳之八絕"）。

皇象書法古拙別致，溫潤沉穩，結體公正，法度嚴明，"萬字皆同"而"各造其極"，創造出"相眾而形一"的書風，是書法史上的一顆耀眼明珠。傳世書跡有《文武帖》《急就章》《天發神讖碑》，然而由於文本殘缺，還無法確定這些作品是出自皇象之手。

張懷瓘將皇象的章草列為神品，"章草入神，八分（古代一種字體的名稱，又稱楷隸）入妙，小篆入能"。《宣和書譜》曾這樣評價其書法："文而不野，質而不華。"清代包世臣更是說草書唯有皇象、索靖（晉代書法家）"筆鼓蕩而勢峻密"，連王羲之都難以比肩。

由以上列舉的幾位書法家，我們不難看出三國時期書法的卓然成就。他們在起落之間盡情揮灑自己的才華，傾盡所見、所聞、所想、所感，將一派絕妙的水墨世界呈現在我們面前，實在令人為之感動、為之振奮、為之探尋。

三國之中，曹魏和東吳之書法皆有建樹，蜀漢書法卻沒有什麼成就。雖然史書記載諸葛亮、張飛能書，但並沒有書跡流傳下來。

二、風姿綽約的兩晉書法

1. 概述

　　西晉末年，持續16年之久的"八王之亂"擾動了國之根本，西晉的統治力量也逐步衰亡。在這場戰亂中，參戰諸王皆相繼敗亡，民眾損失慘重，經濟遭到嚴重破壞。這時，北方的少數民族趁著戰亂紛紛建立獨立政權。317年，鎮守建康的西晉皇室後裔司馬睿於江南建立起東晉，與北方的五胡十六國並存，因而這一時期在歷史上又被稱為"東晉十六國"。

　　東晉雖為司馬氏政權的延續，然而在極大程度上，朝廷為世家大族所把持。這些世家大族擁有自己的軍隊以及大片田地，足夠與司馬氏抗衡。正因為如此，他們的一舉一動無不關乎整個朝堂，關乎整個社會民生。故當東晉上層人士偏好書法時，整個社會便掀起了一股崇尚書法之風。不過，這個時期較為顯著的書法成就仍舊集中體現在王、謝、郗、庾、桓、衛等世族子弟中，如王導、王敦、謝尚、謝安、郗鑒、庾亮、庾翼、桓溫、桓玄、衛夫人等，這些人不僅才華橫溢，書法更是冠絕一時。當然，東晉最為傑出的書法家當屬"二王"——王羲之、王獻之父子，其中王羲之的成就尤為顯赫。在這些書法家的引領下，東晉書法水準達到了前所未有的高度。

　　概言之，兩晉書法上承漢魏，名家輩出，草書、行書、楷書亦發展迅猛，書法成就蔚為大觀。

2. 西晉書法

西晉時期書法家眾多，索靖便是其中的佼佼者，他善草書、隸書，章草書法尤為有名。

索靖流傳下來的作品有《月儀帖》《出師頌》，其書風峻密古樸，對後世影響深遠。索靖對自己的書法頗為自負，他曾用"銀鉤蠆尾"一詞來形容自己的書作。蠆為一種毒蠍，其尾部常常翹起，看起來勁健有力。

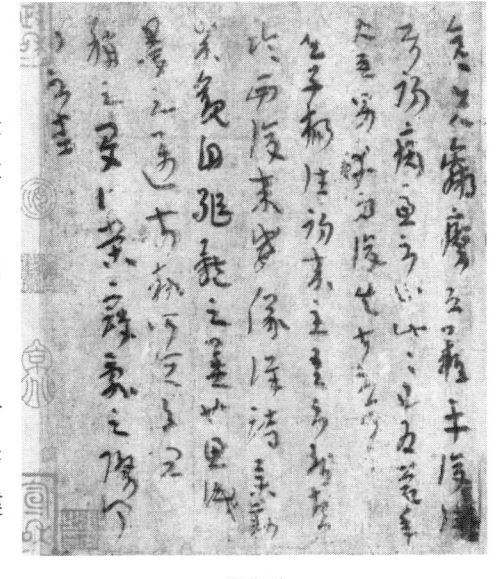

平復帖

後世書法家對索靖書法的評價甚高。南朝梁武帝蕭衍評價他的書法："遒勁而峻險。遒勁處如飄風忽舉，鷙鳥乍飛；峻險處如雪嶺孤松，冰河危石。"唐代張懷瓘在《書斷》中亦評價道"靖草書絕世，學者如雲，是知趣皆自然，勸不用賞。時人雲：精熟至極，索不及張；妙有餘姿，張不及索。"

在西晉書作中，還有一件作品留存至今，那就是千古名作《平復帖》。

《平復帖》為西晉名士陸機所書，現藏於故宮博物院，其藝術價值不可估量。

陸機（261年—303年），字士衡，吳郡吳縣華亭（今上海松江）人，曾擔任平原內史、祭酒、著作郎等職，世人稱其為"陸平原"。

陸機文章冠世，其書法成就被文名所掩。南朝齊王僧虔曾說："陸機書，吳士書也。無以較其多少。"

《平復帖》是陸機用禿筆所寫的草書，是迄今為止發現的存世最早的名人墨蹟，其筆法草率，但字字珠璣，還稍帶章草意味，呈現了章草向今草轉變過程中的書法面貌。

明代顧複在《平生壯觀》中說："(《平復帖》)古意斑駁，而字奇幻不可讀，乃知懷素《千字文》《苦筍帖》、楊凝式《神仙起居法》諸草聖，鹹人此得筆。"後世許多草書大家皆從此帖中悟得筆法，由此可見其書法地位之高。

3. 風流蘊藉的"二王"書法

王羲之

王羲之（303年—361年），字逸少，祖籍琅琊（今屬山東臨沂），後遷至會稽山陰（今浙江紹興），東晉著名書法家，善楷、行、草等各種書體，有"書聖"的美譽。

王羲之出身江東聲望最盛的世族，其父王曠曾任淮南太守，叔父王導、王敦皆於東晉的創立有過突出貢獻，位極群臣，權傾朝野。自幼年起，王羲之便在濃郁的文化薰陶下研習古文。但相較於當時其他聰穎的王家子弟，王羲之表現得較為平庸。7歲時，王羲之開始學習書法，12歲時，他便私自研讀父親枕下所藏的前人書法理論，並取得了顯著的進步。衛夫人見狀感歎道："他必然看過了《筆論》（即王父收藏的筆法論），從他的書法中，我斷定這孩子有老成之智，將來在書法上定會超過我。"

王羲之早年跟隨衛夫人學書時，衛夫人將所承接的鐘繇之法和自己研習出的書風傾囊相授。王羲之因受其薰陶，早期書法多有姿媚之態。後來，他廣泛研習秦漢以來各名家真跡，感悟頗深，便逐漸從當時影響最深遠的鐘繇筆法中演變出來，並巧妙汲取秦漢篆隸的妙法，悉數運用到書法創作中去，"兼撮眾法，自成一家"，創立出特色鮮明的今草和行草，筆勢含蓄婉轉、遒美健秀。王羲之創立的今草和行草書法將漢魏的古拙質樸變為精美妍麗，使得人們對於漢字的看法從偏重實用性逐漸轉向注重藝術美，這標誌著書法藝術的覺醒，是歷史性的突破。而同時，這種變化不拘於古法，亦不背離現道，為後世書法開闢出另一番天地，因而備受後人推崇，得到了"飄若浮雲，矯若驚龍"的盛讚。

任何成就背後都離不開一番傾心付出，王羲之同樣不例外。相傳他用壞的筆頭堆滿了幾籮筐，連門前的池水都因他經常洗筆的緣故而成了墨色。究及王羲之書法之大成的原因，除刻苦鑽研、天資卓越外，還與他信奉道教不無關聯。道教在我國由來已久，歷史上有諸多精通書法、繪畫的道學家，他們將道法融於水墨之中，相得益彰，王羲之便是其中的代表。

關於王羲之的軼事，正史上略有記載，《世說新語》上也有所提及。在王羲之

16歲時，郗鑒太尉意欲選婿，得知自己的好友王導丞相家中子弟甚多，且全都才貌不凡，便打算在王家子弟中進行挑選。王導知道後，爽快地答應了："就由你到我家裡選吧，無論你相中了誰，我都會答應。"於是，郗鑒命心腹管家攜重禮來到王家。王家子弟對此早有耳聞，他們既激動又緊張，想好好表現一番。然而，清點人數的時候，發現少了一人。王府管家帶領郗府管家來到東院的書房，只見一個年輕人袒腹仰臥地靠在東牆的床上，仿佛不知道選婿一事。回府後，管家將所見所聞悉數稟告給郗鑒，尤其提及了那位袒腹的公子。郗鑒一聽，連忙說："那位公子便是我的佳婿，快領我去看看！"而後，郗鑒親赴王府，見面後，他非常滿意那人豁達灑脫的氣質，當場便下了聘禮。那位袒腹東床的公子便是王羲之，"東床快婿"一詞也由此產生。

　　這個故事雖與書法無關，但說明王羲之為人灑脫、率真，故他的書法亦能不拘常法，自有面貌。

　　傳聞王羲之的書跡不在少數，然而關於這些書跡的真偽，歷來看法不一。《論書表》裡面提及王羲之在世時便有人能夠仿效其筆跡到以假亂真的地步，宋代米芾更是斷言"今世無右軍（王羲之）真字帖"。現今，王羲之的作品更是無跡可尋，僅有傳世臨本和摹本，較為可信的多達二三十種，有《姨母帖》《初月帖》《快雪時晴帖》《寒切帖》《行穰帖》《上虞帖》《黃庭經》《孔侍中帖》《十七帖》《喪亂帖》《樂毅論》等。此外，還有多種集字成碑的，數帖合成一卷的。集字成碑的以現藏於西安碑林的《聖教序》最為出色，而書法價值最高的當屬被稱為"天下第一行書"的《蘭亭序》。

　　《姨母帖》《初月帖》為唐人所刻的王羲之法帖，保存較為完好，今皆藏於遼寧省博物館。其中《姨母帖》屬行楷書體，間雜隸書遺意，寫於忽聞姨母去世噩耗之後。整帖除卻"奈何"二字，其餘字皆獨立，筆劃凝重，筆法端正，結字渾圓，古拙遒勁，表露出王羲之對於姨母去世的無限哀痛。

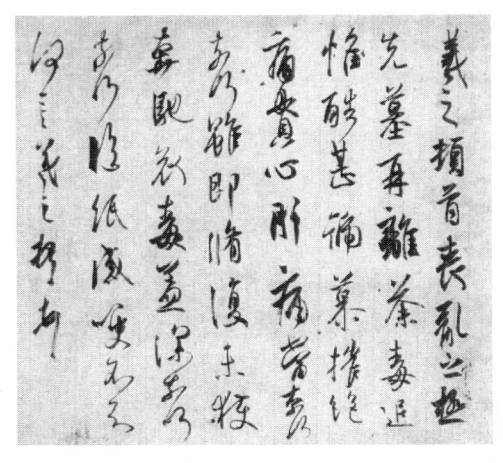

喪亂帖

快雪時晴帖

《初月帖》為草作於王羲之晚年，此時他的書法技藝已達爐火純青之境，字裡行間流露出一股天真率性，矯健流美，立體感較強，墨色滿溢，飽滿而鮮活。

《快雪時晴帖》以行書寫就，是一封書箚，表達了王羲之在大雪初晴時的喜悅心情以及對親人的問候。此帖雖僅有 20 餘字，然而其中顯露出的意境卻十分豐富，行書之中兼備楷意，前後兩次的"頓首"則是連筆草書。該帖以圓筆藏筆為主，起落之間不露鋒芒，結體勻淨沉穩，妍美中不乏剛健，寄情思於筆下，顯示出王羲之當時氣定神閑的心態。清乾隆帝推其為"天下無雙，古今鮮對"。

《寒切帖》系王羲之晚年佳作，具有章草古意，現僅存唐代摹本，藏於天津市藝術博物館，又名《謝司馬帖》《廿七帖》。此帖意緩字疏，從容俊逸，書風遒勁圓潤，筆鋒犀利，轉折分明，頗能代表王羲之晚年草書風範。然而，誰曾料想，這名帖差點毀於一旦呢！20 世紀 60 年代，天津市某地的一位廢品收購站的員工即將要把廢紙投入熔爐時，忽然在那堆廢紙中發現了一捆泛黃的紙卷，他好奇地打開一看，落款竟是一代書聖王羲之！這個意外發現引起了天津市藝術博物館的高度重視，後經專家鑒定，該書卷確為王羲之的《寒切帖》摹本，是非常珍貴的文物。

《行穰帖》為王羲之草書中最為奔放酣暢的作品，字與字之間的大小懸殊頗為明顯，線條豐富多變，糅合了多種姿態，且字體如九天瀑布一傾而下，大開大合之間盡顯雄秀之風，體現了王羲之"尚奇"的書法觀念，也較為完備地傳達出了魏晉書法的本相。

《黃庭經》為王羲之小楷作品，宋代時曾被篆刻石上，有拓本留存。此帖法度嚴謹，氣勢飄逸，開朗大氣而不失一貫之妍美。關於《黃庭經》還有一則傳聞：山陰一道士想得到王羲之的墨寶，卻又不敢貿然開口。他得知王羲之愛鵝這個癖好後，特意蓄養了一籠肥美的白鵝。王羲之見到鵝後，欣然提筆，為他抄寫了半天的經文，而後滿足地"籠鵝而歸"。

在王羲之所有傳世書跡法帖中，《蘭亭序》無疑是聲譽最高、流傳最廣的作品，有"天下第一行書"之稱。東晉永和九年（353年）三月三日，王羲之、謝安、孫綽等41位時之名士聚於蘭亭，行"修禊"之禮（緣來已久的消災祈福儀式）。會上，眾人流觴曲水，飲酒賦詩，各抒己懷，最後由王羲之作序總敘其事。

《蘭亭序》全文僅324字，文中先記述集會的概況，後抒發對於生死的感悟，雖為書序，卻超越其原本，躍升至發人深省的境界。據說原帖為草稿，然而王羲之多次謄寫後，發現均達不到草稿之高度，只能作罷。細研該帖，其章法連貫自然，氣息空靈瀟灑，筆劃之間變化多端，字形疏密間雜，墨色亦忽濃忽淡。宋代米芾曾提及"之字最多無一似"，確實，全文出現了二十幾個"之"字，但每一個的寫法皆不同，筆勢亦多變化，令人驚歎"遒媚勁健，絕代所無"。唐初，李世民派遣蕭翼從智永（王羲之七世孫）弟子手中詐得真跡，後多次命當時著名書法家臨摹，分賜皇子近臣，據說後來更是將真跡殉葬入昭陵。現今故宮博物院所藏《蘭亭序》摹本為唐代馮承素所作。

歷代對王羲之的書法藝術給予極高的評價。南朝梁武帝說："羲之字勢雄逸，如龍跳天門，虎臥鳳闕。"歐陽詢在《用筆論》中亦寫道："冠絕古今，唯右軍王逸少一人而已。"孫過庭評價道："元常專攻於隸書，伯英尤精於草體，彼之二美，而羲獻兼之。"唐太宗非常喜歡王羲之書法，下令搜集流散在民間的王羲之書法真跡，還親自為《晉書·王羲之傳》作贊辭，對王羲之的書法給予極高評價："詳察古今，精研篆、隸，盡善盡美，其惟王逸少乎！

蘭亭序（摹本）

觀其點曳之工，裁成之妙，煙霏露結，狀若斷而還連，鳳翥龍蟠，勢如斜而反正。玩之不覺為倦，覽之莫識其端。"正是由於唐太宗的推崇，王羲之作為"千古一人"的書聖地位得到確立。

唐代李嗣真在《書品後》中這樣寫道："右軍正體如陰陽四時，寒暑調暢，岩廊宏敞，簪裾肅穆。其聲鳴也，則鏗鏘金石；其芬鬱也，則氤氳蘭麝；其難征也，則縹緲而已仙；其可覿也，則昭彰而在目。可謂書之聖也。若草、行雜體，如清風出袖，明月入懷，瑾瑜爛而五色，黼繡摛其七采，故使離朱喪明，子期失聽，可為草之聖也。其飛白也，猶夫霧谷卷舒，煙空照灼，長劍耿介而倚天，勁矢超騰而無地，可謂飛白之仙也。又如松岩點黛，蓊鬱而起朝雲，飛泉漱玉，灑散而成暮雨。"

李嗣真用天體現象、自然景物來比喻王羲之書法，其評價無疑是全面而生動的。總而言之，王羲之搭建起了書法與藝術之間的橋樑，乃空前之舉，無疑是晉代書法家的傑出代表。後世書法家幾乎無一不臨摹鑽研王羲之的書跡，並從中獲益匪淺。王羲之書風延綿千餘年而無所衰減，僅這一點便令人望塵莫及。

王獻之

書風的改革僅憑一人之力自然無法達成，因此縱使王羲之站到了晉代書法的巔峰，書壇的改頭換面仍舊少不了其他書法家的鼎力支持，而這些人所展現出的光輝也確實引人注目。王羲之第七子王獻之便是其中一位大有成就的書法家。

王獻之（344年—386年），字子敬，小名官奴，王羲之第七子，官至中書令，人稱"王大令"，並與其父王羲之並稱"二王"。

王獻之出生於書法世家，從小便跟隨父親鑽研書法，而且，較之其他王氏子弟，王獻之顯得更加勤奮，更為專注，從小便表現出異於常人的天賦與難能可貴的創新精神。王獻之七八歲的時候，王羲之在他寫字的時候悄悄來到身後，伸手去掣他的筆，卻不能得。當時王羲之便感歎道："這孩子將來定有大名！"少年時，在眾人的誇讚下，王獻之不由得滋生出驕傲的心理，認為自己的書法已經超越了父親。一次，他私自將父親寫在壁上的書法擦去，換上自己的字。王羲之回來連連搖頭歎息："我果然喝醉了，竟寫出這樣的字！"

原本揚揚得意的王獻之在聽到這番感歎後，頓時沮喪不已，卻也從此開始了鍥而不捨的練習，終於達到了爐火純青的程度。

　　整體而言，王獻之的書法主要以承接家法為主。不過，他並沒有就此止步，而是兼取張芝書法之長，集諸體之美，後自成一派。行書與草書是其最為出色的書體，同時，他在楷書與隸書上的造詣亦頗為高超。

　　歷來對於王獻之書法的評價比比皆是，且看法不一。有人認為王獻之的成就在其父之上，有人則覺得王獻之遠不及其父，同時，還有人持這樣的觀點——父子二人不分伯仲，各有千秋。在晉末至南朝梁，王獻之的名聲蓋過了王羲之；唐太宗則極力推崇王羲之而貶抑王獻之，這一取向也導致王獻之書法並未大量留存於世；宋初書法並舉"二王"，北宋書法家米芾在研習書法時卻以王獻之為主。關於這個問題，王獻之自己也曾作答。南朝宋虞龢的《論書表》中記載了這樣一段對話。謝安問王獻之："你跟你父親的書法相比如何？"王獻之答道"當然勝過我父親。"謝安說："世人並不這麼說。"王獻之說："世人哪得知。"自詡勝於父親這一點無論從中國傳統的謙虛美德還是從尊敬長輩來講，實在有違法理，即使在魏晉那個世風開放的年代也難以為人所接受，僅此一點可知，王獻之確實是一個灑脫不羈之人。

　　王獻之的風度還體現在日常生活中。一次，王家失火，其他兄弟慌忙逃命，只有王獻之處變不驚，在僕人的攙扶下慢慢地走出屋外，好像什麼事也沒發生一樣。還有一次，一個小偷潛入王獻之居所，拿了許多寶貝，正準備將一塊毛氈拿入手中時，背後忽然傳來一個悠然的聲音："偷兒，那塊氈子是我家舊物，你放下吧。"原來，睡在床上的王獻之早就看到小偷了，他見小偷要拿他祖傳的東西，便出言阻止。小偷一聽，嚇了一跳，連忙丟下手中的東西，倉皇而逃。

　　就現今留存下來的作品而言，王獻之書法總體水準不及王羲之，卻也有其父不能及之處。如王獻之開創出一種被時人稱為"今體"的秀媚書風，還創造出"非草非行，流便於草，開張於行"的"新體"，最為顯著的是他用筆從父親的"內拓"轉為"外拓"，使得字體一改嚴謹之態，呈現出俊朗自如的風姿，只是後世一些批評家並不認同這一改革。簡而言之，王獻之書法在秀媚俊逸上更勝一籌，王羲之則以沉穩凝練見長。

　　《鴨頭丸帖》為王獻之的行草代表作，共 2 行 15 字，現留存的為唐代摹本，藏於上海博物館。全帖墨法講究，寫一字蘸一次墨。墨色燥潤相雜，濃淡適宜，變化自然。清代吳其貞在著作《書畫記》中盛讚該帖："書法雅正，雄秀驚人，得天然妙趣，為無上神品也。"

現存《中秋帖》多認為由宋代米芾所臨。此帖書行書3行，共22字，釋文"中秋不復不得相，還為即甚省如，何然勝人何慶等大軍"，其筆勢豪邁宏偉，飛舞風流，英姿勃發，猶如滔滔江水洶湧奔來，令人為之一振。世人對此評價甚高，清乾隆帝稱其為"三希"（另二者為王羲之的《快雪時晴帖》、王珣的《伯遠帖》）之一。

王獻之影響最大的書法作品當屬小楷寫就的《洛神賦》，至宋代僅存13行，有玉版刻本，世稱《玉版十三行》。此帖是由真跡直接上石的拓本，刻工精細，因而與真跡相去不遠，具有極高的藝術價值。

從殘存的13行中，王獻之書法結體舒展勻稱、姿態秀媚雍容、用筆灑脫挺拔的特點體現得淋漓盡致，統一的風格之中又有細微變化，別有一番風致。元代趙孟頫曾贊道："字畫神逸，墨蹟飛動。"宋代董逌在《廣川書跋》亦評價道："子敬《洛神賦》……字法

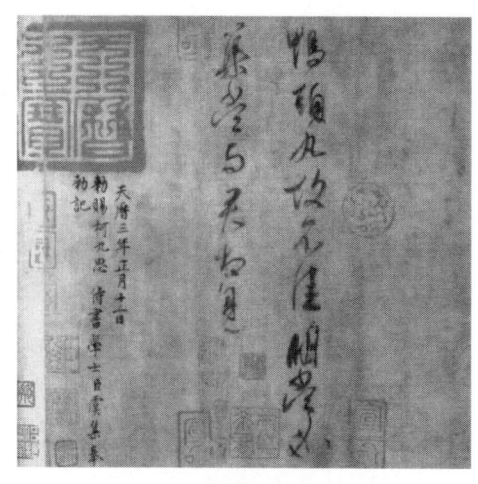

鴨頭丸帖 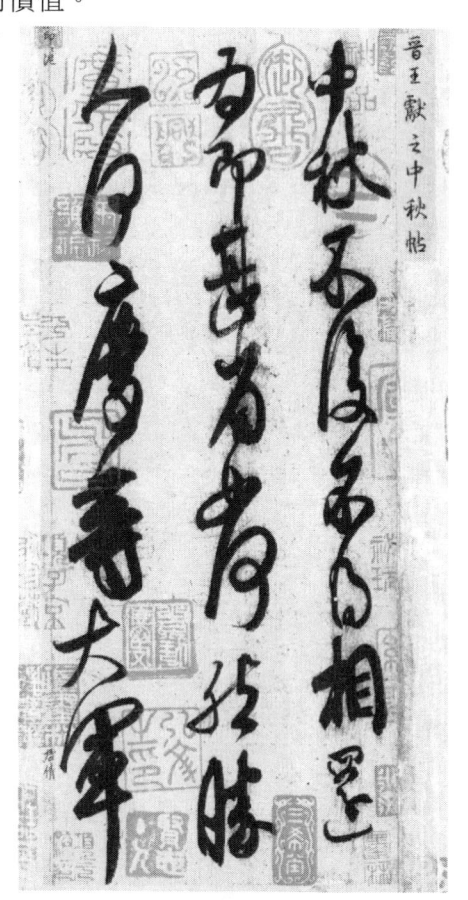　　　　　　　　　　中秋帖

端勁，是書家所難。偏旁自見，不相映帶；分有主客，趣鄉嚴整。"

　　東晉一個朝代能夠誕生如此眾多的精彩絕倫的書法作品，自然是這個時代的幸運，細究之下卻也有其必然聯系。在最為顯赫的四大家族王、謝、郗、庾中，明裡暗裡的競爭無比激烈，這一點不僅體現在同輩子弟之間，還體現在父子之間、夫妻之間、

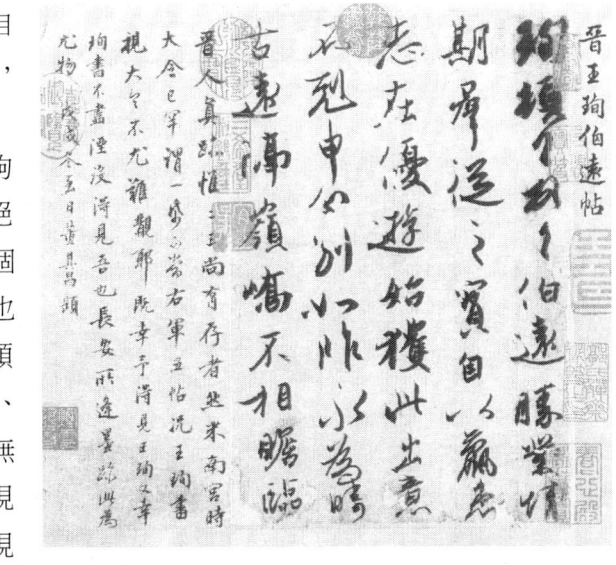

伯遠帖

在這股暗流的推動下，書法盛極一時，不但是四大家族的驕傲，也是東晉的驕傲，更是整個中國的驕傲。

綜上所述，兩晉書法名家輩出、佳作如雲，是中國書法史上一座流光溢彩的里程碑。除了書法創作上取得了讓人炫目的成就外，兩晉書法理論亦有成果，如西晉衛恆的《四體書勢》，東晉衛夫人的《筆陣圖》、王羲之的《書論》《用筆賦》等文章均有重要意義。

三、南北朝書法

1. 概況

南北朝歷史自420年劉裕篡東晉建立南朝宋開始,至589年隋朝滅南朝陳結束。其中,南朝統治者多為東晉世族或次級世族,依次經歷了宋、齊、梁、陳;北朝則承繼五胡十六國,為胡漢交融的新朝代,皇室多為鮮卑族,包括北魏、東魏、西魏、北齊、北周五朝。

在南北兩朝長期的對峙過程中,兩朝社會環境逐年變遷,南朝以漢族為主,士人仍舊佔據了社會文化主流,北朝後來雖在北魏孝文帝的宣導下進行漢化,但鮮卑族根深蒂固的剽悍的民族特點仍舊貫穿始終。而且,南朝書法家多以書帖為重,北朝書法家則主攻碑碣,這兩種書法表現形式因其獨特的功能而對書法有不同的要求。在這樣的背景下,繁衍於兩地的書法也逐漸呈現出兩種不同的風貌。南派溫雅疏朗,重在氣韻;北派雄健渾厚,書骨奇麗。

南朝基於"二王"的影響,書法繼承了晉代的雅致妍麗的風格。而且,在衛瓘、索靖這些書法名家及民間各位書法家的努力下,南朝書壇的結體、用筆皆有所改變,與"今體"更為接近。就在南朝書法日益演變的時候,北朝書法嚴守前人風範,結體嚴謹方正,變化非常緩慢。且北朝書法多用於碑刻,工匠在刻石時就勢將筆劃處理成棱角分明的樣子。後來,這種字體愈加規範,並得到了認可,這種字體便是"魏體"。基於這種分領現象,後人以"南帖北碑"來總結這段時期的書法。當然,"南帖北碑"這一說法也並不絕對,南北朝之間同樣存在文化上的交流,只是南朝的碑刻與北朝的書帖大多數仍舊延續了其書法的主體風貌。

2. 南朝書法

在"二王"書法成就的籠罩下，南朝書壇湧現出了不少書法名家。南朝宋主要以羊欣、孔琳之、蕭思話、範曄為主，他們合稱"書法四妙"；南朝齊的王僧虔、張融等人亦頗有成就；南朝梁有梁武帝蕭衍、阮研、貝義淵、陶弘景等人。

"書法四妙"中以羊欣尤為突出。羊欣（370年—442年），字敬元，泰山南城（今山東平邑）人，南朝宋時著名書法家，傳世之作有《暮春帖》《大觀帖》《閑曠帖》等。

羊欣的德行亦備受時人推崇，他官至新安太守，但性情沉默寡言，灑脫恬淡，後稱病離職。在書法上，作為王獻之的外甥，羊欣深得其真傳，精於隸、行、草，名聲顯赫，更有"一時絕妙"之說。只可惜，其書法雖然精進，卻一直沒有脫離王獻之書法的影子，"買王得羊，不失所望"這句諺語便是出於此處。梁武帝曾評價說："羊欣的書法就像大家族的婢女坐在了夫人的位子上，儘管身處高位，卻舉止羞澀，終究不是真的。"

王僧虔（426年—485年），字簡穆，琅琊臨沂（今山東臨沂）人，官至尚書令，王羲之四世族孫，工於楷、行，秉承祖法，筆劃間自然流露一種風流氣骨。傳世書作有《王琰帖》。

張融（444年—497年），字思光，吳郡（今江蘇蘇州）人，出身世族，弱冠之年便已有盛名，在清談、佛學、書法等方面皆造詣頗高。而他怪誕的行為、不羈的性格、詼諧的語言、善辯的口才更是引得後代名士爭相效仿。對於自己的草書，張融十分得意。一次，南朝齊高帝蕭道成對他說："你的書法骨力勁道，只可惜沒有二王的筆法。"張融不以為然地答道："陛下不應該感歎我沒有二王的筆法，而應該感歎二王沒有我的筆法。"

蕭衍（464年—549年），字叔達，南蘭陵（今江蘇常州）人，漢朝相國蕭何的二十五世孫，南朝梁的開國皇帝。作為一代帝王，蕭衍文武兼備，精於文學、音律、書法，其中草書尤為突出，傳世作品有《異趣帖》。此外，他還是中國歷史上第一個大力將王羲之推到書法頂峰的皇帝。此後，王獻之的書法地位開始衰退。

南朝陳的著名書法家有江聰、毛喜、顧野王等，但他們的書法作品現今極為罕見，多數已不可考證。然而從唐代書法理論著作《述書賦》的記載中，我們可知當時的書壇雖仍舊活躍，卻已不復魏晉時期的盛況，且書風日漸柔弱萎靡。

相較於南朝書法，南朝碑石在一定程度上對於後世的影響更為深遠。南朝同樣實行禁碑令，但仍有不少碑石存在。

南朝宋的代表碑石有《爨龍顏碑》《劉懷民墓誌》《寇君碑》（即《嵩高靈廟碑》）等。《爨龍顏碑》立於南朝宋大明二年（458年），碑身規格宏偉，碑文亦氣勢磅礡，與碑石相得益彰。而其最為獨到之處在於字的寬窄、大小、疏密都似秋風掃落葉般紛雜，卻平添了一股奇趣，對後世碑文的發展影響極大。康有為曾稱讚此碑"隸楷極則""古今楷法第一"。《劉懷民墓誌》立於南朝宋大明八年（464年），出土於山東益都。此碑書體介於隸、楷之間，筆法渾厚溫潤，頗有北碑風範，隸屬精品。《寇君碑》於南朝宋太安二年（456年）立在陽城（今河南登封），其文字筆劃基本遵循隸書形態，然橫、豎銜接處卻採用斷筆重起的方式，初露楷法，使得隸書與楷書過渡自然。

南朝齊碑石較為罕見，現今出土的有《呂超墓誌》《劉岱墓誌》等。《呂超墓誌》據魯迅等人考證，為南朝齊永明十一年（493年）文物，其文字多斑駁難以辨識，然其佈局頗為開朗大氣，所書楷體十分規範。刻於永明五年（487年）的《劉岱墓誌》保存較為完好，字跡清晰無損。細審之，但覺其結字疏朗有度，用筆沉穩獨到，字體剛柔相濟，氣韻綿延，是隸書向楷書演變的成功範例。

南朝梁在梁武帝酷愛書法的引領下，朝堂內外皆追逐書法，因而為貴族樹立的碑石皆為精品。只是，不少碑石被掩埋，現今發現的數量較少，以《蕭敷墓誌》和《王氏墓誌》

爨龍顏碑拓片（局部）

為代表。此兩碑刻工精湛，風格相近，皆帶有南方獨特的秀雅風韻，展現出成熟的楷書之美。

而提到南朝梁石刻，最為閃耀的莫過於《瘞鶴銘》了，將其評定為南朝最為顯著的石刻亦不為過。《瘞鶴銘》為摩崖楷書石刻，其上沒有標注時間，原刻於江蘇鎮江焦山西麓的石壁，唐時失落入長江。北宋年間，工匠在修建運河時打撈出其中的一塊殘石，經辨認，確定它正是史書上記載的那塊墜江石刻《瘞鶴銘》的一部分。巧合的是南宋年間，重修運河的過程中，工匠們又幸運地發現了另外四塊殘石，於是失傳已久的《瘞鶴銘》就這樣重現人間。後來，這塊註定坎坷的刻石重複了之前的墜江命運，直到清康熙年間才被斥鉅資撈起，移入焦山南麓定慧寺壁間，但此時刻石上僅有93字，與原文的

150多字仍有差距。1960年，五部分合而為一，砌入壁間。根據《瘞鶴銘》文字可知，一個書法家豢養的鶴死了，他將其埋葬並為其書寫銘文，內容雖無所稱道，但書法藝術卻引人矚目——古拙雄偉，飛逸脫俗，雖為楷書，字裡行間仍微帶隸意，有六朝風範。自宋代被發現以來，歷代書法家皆對其不吝讚美，有"碑中之王"的稱號，宋黃庭堅還將其定為"大字之祖"。

南朝陳碑石《趙和造像記》等，相較於其他朝代，碑石數量較少，然書法藝術成就不容小覷。

由此觀之，南朝書法在整體上趨向於真草，風格則以妍美儒雅為主，加上同時期的北朝書法以楷、隸主打，無體不有的完備，崇尚天然、注重法度的做派，共同奠定了南北朝書法的歷史地位。

3. 北朝書法

北朝以碑刻著稱，只是多數書法家並未在碑石上落款，這給後人在研究書法承接問題上造成了一定困難。所幸，清代阮元細審北朝正史，終於整理出崔宏、鄭道昭等80余位書法家，掀開了北朝書法的輝煌一角。

崔宏（？—418年），字玄伯，清河（今山東德州武城）人，北魏政治家、書法家，出身關東名門士族，少時便有"冀州神童"的稱號。作為顯赫的政治家，

崔宏不但政績卓越，書法成就亦為人稱道，善草、隸、行，時人引以為摹本，現已無墨寶傳世。其子崔浩博覽群書，機智聰穎，不但被後人稱頌為"南北朝第一流軍事謀略家"，在當時書壇亦有呼風喚雨之勢，相傳北魏孝文帝的《弔比干文》便出自崔浩之手。

鄭道昭（455年—516年）同樣為北魏傑出書法家，字僖伯，自稱"中岳先生"，榮陽開封（今屬河南）人，官至秘書監、平西將軍。鄭道昭精於楷書，所書大字尤佳，被譽為"書法北聖"，又與王羲之合稱"南王北鄭"，"魏碑體"鼻祖。其用筆以正鋒為主，跌宕起伏，方圓齊下，筆力雄健，體高氣逸。所書《鄭文公墓》以隸書成調，下筆凝練，遊刃有餘，古拙沉穩，神氣貫穿始終，被尊為"北朝書第一""真書第一"。

北齊書法家以張景仁、趙彥深、姚元彪等人為代表。張景仁，濟北（今山東）人，幼年家境貧寒，以學書為業，工草、隸，後選補內書生，被引薦為太子門大夫。趙彥深與張景仁經歷相似，且其心思縝密，喜怒不行於色，實為曠古絕倫。姚元彪與張景仁齊名，書法取法於崔浩，然其影響勝於崔浩，使得時之書法較之以前頗有躍升。

北周書法家有趙文深、冀儁等人。趙文深，字德本，南陽苑（今河南南陽）人。少學楷、隸，11歲時便有名氣。其書頗有鐘繇、王羲之的雅致之風，筆勢可觀，當時的宮殿樓閣多留下了他的手跡。冀儁原為太原陽邑（今山西太原陽邑）人因善書而被北周太祖文皇帝宇文泰引為記室（掌管文檄的官職），後不斷進位，封為昌樂侯。他在書法方面還有一絕——仿寫，這一點冠絕一時。對此二人《北史本傳》如是記載："當進碑榜唯文深、冀儁而已。"可見，當時的碑榜幾乎都出自趙、冀之手。

從整體來看，北朝名家的書法沒能脫離前人的束縛，無所創新，真正讓人耳目一新的書法作品卻是出於那些無名人士之手，且數量相當可觀，種類亦十分全面，有墓誌、刻石、造像題記、寫經、書箚等，而其最出彩之處在於風格的變化莫測，使人眼花繚亂。

為了敘述的簡約，北朝書法可基本劃分為三大類型：方正嚴謹型、秀逸疏朗型、多變包融型。

方正嚴謹型的作品結體嚴整，棱角分明，緊湊挺拔，不僅是北朝書壇的主流，亦是魏碑的表現特色。龍門石窟所藏的《龍門十二品》便是此類書作中的上品,將這一書風發揚得淋漓盡致。

秀逸疏朗型的作品有方、圓兩種形態。圓者圓潤沉穩,渾厚勁直,以《鄭文公碑》為代表,康有為曾贊其"魏碑圓筆之極軌"。方者方正清秀,結體出其不意,妙不可言。《張玄墓誌》正是做到了這一點,其兼具秀朗精緻、雄健灑脫,因而在書法史上佔據重要席位。

多變包融型的作品風格各異,師法眾家,融會貫通,多為社會下層文人的作品,然其藝術成就不容小覷。如北魏頗具隸意的《太武帝東巡碑》、灑脫寬厚的《暉福寺碑》等,東魏雅致溫潤的《元珍墓誌》、秀逸流美的《常季繁墓誌》等。

張玄墓誌拓片(局部)

這些作品為北朝書法添上了濃墨重彩的一筆,反映了書法的漸變過程,具有極高的藝術價值。且東魏之後,南北書風交融,互相促進,呈現出蓬勃的生命力。

中華文化叢書：書法

第三編　隋唐五代書法

　　隋文帝統一中國後，長達300餘年的分裂混戰局面結束了，書法亦出現了新的面貌。到了唐代，文學藝術空前發展，書法藝術亦出現了繁榮興盛的局面。唐代書法是書法史上的又一座高峰，在楷書、行書、篆書等方面均有建樹，展現了盛世風度。

　　五代時期，戰亂頻繁，這一時期的代表書法家有楊凝式，世稱"楊少師"，其書法筆跡遒放、風格縱逸，代表作品有《韭花帖》《神仙起居法帖》等。

一、承上啟下的隋代書法

581年，權臣楊堅迫使北周靜帝讓位，建立了隋，自封隋文帝。589年，隋滅南朝陳，完成了全國的統一。而南朝書法的灑脫妍妙與北朝書法的古樸雅正互相影響，逐漸交融，形成了全新的隋代書法，在書法史上起到"上承六代，下啟三唐"的銜接作用。

新時代提供了書法融合的契機，也提供了書法發揮的場所，這與隋代兩位皇帝有著莫大的聯繫。在許多史學家眼中，隋文帝楊堅是一個頗有作為的皇帝，他不僅結束了中國長達300餘年的分裂局面，還征服了突厥等少數民族，使中國恢復和平。登基之後，隋文帝還在政治、經濟、文化等方面採取了許多革新的舉措，如實施三省六部制等。除此之外，隋文帝見國家藏書大多因頻發的戰事而流失、損毀，便在秘書監牛弘的提議下，派遣使者前往民間搜尋異本，同時"昭求遺書於天下"。在他的努力下，天下的書畫遺書幾乎全部被收入國庫，為中華文化的流傳立下了不少功勞。隨後繼位的隋煬帝楊廣雖然評價頗具爭議，卻也是一位喜好書畫的文人雅士。他命秘書省官員精心裝裱皇室藏書樓裡面那些完整又沒有重複的正本圖書，再將密閣的藏書全都抄錄了50套副本，這一舉措形成了"歷代之書籍，莫厄於秦，莫富於隋"的局面。在統治者的如此重視之下，隋代也出現了一些書法名家，較突出的有丁道護、智永、智果。

1. 隋代書法名家

丁道護

丁道護（生卒年不詳）譙郡（今安徽亳州）人，隋文帝在位時，官至襄州祭酒從事。

其書法以楷書成就最高，並極大影響了初唐書壇。《啟法寺碑》是他唯一流傳下來的作品，也是他的代表作，碑上的楷書端正雅致，結構嚴謹，有大家風範，系筆風成熟時期所作。宋代蔡襄這樣評價他："隋唐之交，善書者眾，皆出一法，道護所得最多。"

智永

智永（生卒年不詳），王羲之第七世孫，本名王法極，會稽（今浙江紹興）人。

真草千字文（局部）

智永早年便出家做了和尚，在永欣寺內住了 30 年，期間，他每天臨摹王羲之的字帖，從未間斷。久而久之，用壞的筆頭堆積成山，他便在永欣寺的一塊空地上挖了一個深坑，將所有的壞筆頭放進去，再用土掩埋起來，砌成墳塚，取名"退筆塚"。

長期不懈的努力終於使得智永的書法自成一派，一躍成為著名書法大師，登門求字的人絡繹不絕，甚至踏壞了寺廟的門檻，最後只好用鐵皮將門檻包裹起來，這便是"鐵門檻"這個典故的由來。

相傳智永晚年曾用真、草兩種風格抄錄了 800 多本識字書籍《千文字》，分送給浙江東各寺廟。清代何紹基說："筆筆從空中來，從空中住，雖屋漏痕，猶不足以喻之。"從保存下來的墨蹟本《真草千字文》來看，真、草兩種字體間行對應，運筆熟練，秀潤圓勁，智永可謂是"二王"真、草兩體的正統繼承人。

智果

智永的弟子智果也是永欣寺的僧人，他愛好文學，以書法見長，隸、行、草皆精，與智永並稱"禪林筆聖"。

隋煬帝曾這樣評價他們師徒二人的書法成就："和尚（智永）得右軍（王羲之）肉，智果得右軍骨。"

智果的書法清瘦遒勁，被唐代張懷在《書斷》中列為能品，可惜作品皆已流失，無從考證，唯有一本分析字體結構的《心成頌》，是我國最早的書法論作品，對後世影響頗深。

2. 經書與碑刻

隋代兩位皇帝信奉佛教，僅隋文帝時期便寫經四十六藏，合計十三萬餘卷，因而，隋代書法多見於經書。寫經書法大致有三類：第一類是以北朝書法為根本，稍加變化，表現為渾厚自然，如隋開皇八年（588年）的《大集經》，或者方正嚴謹，如隋大業十二年（616年）的《佛說金剛般若經》，這一類書法在寫經中所占比例最大；第二類是沿襲南朝傳統書法，筆觸含蓄流美，如隋開皇九年（589年）的《大樓炭經》；第三類極具隋代特色，集南北朝書法特點於一體，雄渾平正又不失溫潤暢達，更接近規範楷書寫法，如隋仁壽二年（602年）的《阿修羅經》。按照抄經規則，經書卷末須注明抄寫時間及抄經人，為後人的研究帶來了極大的方便。

除了經書，隋代碑刻的數量也很多，按照內容與功能可分為墓碑、功德碑、宮室廟宇碑，墓碑用於標注死者身份、生平事蹟等，功德碑既可用於帝王祭天，也可用於文人記述事件或他人功績，宮室廟宇碑，顧名思義，是古人安置在宮室、廟宇前的石碑，上面記載建築物興建的緣由和經過。隋代碑文多以楷書刻成，結構平穩大方，與前述經文第三類特色一致，然而各個碑刻細微之處卻自有千秋。《龍藏寺碑》結構嚴謹，端正疏朗；《曹植廟碑》字體混雜，古拙質樸《賀若誼碑》書法精整，挺拔剛勁；《董美人墓誌》筆觸工細，亦剛亦柔……

如果說隋代書法融合了南北朝書法的精妙，那麼唐代書法無疑也汲取了隋代書法的營養，並在此基礎上蓬勃發展，迎來了我國書法史上又一輝煌、燦爛的時刻。

二、法度森嚴的初唐書法

1. 唐太宗與王羲之"書聖"地位的確立

隋王朝表面上強盛，實則存在許多不定因素，加之隋煬帝的暴政，民不聊生，於是李淵在617年慨然起兵，次年便稱帝，改國號為唐。

唐代歷任統治者都比較注重文藝，喜歡收集書法作品，因此唐代書法是晉代以後我國書法史上的又一高峰，其中唐太宗李世民對此做出的貢獻尤為突出。唐太宗酷愛書法，在書法實踐和書法理論上都頗有成就，其一生留下了兩件刻石書法作品，一為《晉祠銘》，一為《溫泉銘》。《溫泉銘》刻於唐貞觀二十一年（648年），由唐太宗親自撰文並書丹，原石早已遺失，只有拓本存世。

唐太宗喜愛"中和"的書風，認為北朝書法略顯粗獷，南朝書法稍遜硬朗，"詳察古今，研精篆素，盡善盡美，其惟王逸少乎"。因此他特別尊崇王羲之的書法，憑藉帝王的影響力將其奉為"書聖"，並大力推廣。

溫泉銘拓片（局部）

唐太宗還要求滿朝文武、舉國上下都積極進獻"書聖"的作品。《徐氏法書記》記載："太宗於右軍之書，特留睿賞。貞觀初，下詔購求，殆盡遺逸。"

《唐朝敘書錄》亦記載："貞觀六年正月八日，命整理禦府古今工書鐘王等真跡，得一千五百一十卷。"

不過，對於"天下第一行書"《蘭亭序》，唐太宗一直求之不得，他亦為此而遺憾不已。

有一次上朝的時候，唐太宗對群臣說："朕近年一直在搜集王羲之的墨寶，但《蘭亭序》卻不知下落，哪位能幫朕尋得，朕一定重重有賞。"

房玄齡上前奏道："皇上，臣推薦一人，他可擔當此任。"唐太宗大喜，忙問道："他是何人？"

房玄齡說："監察禦史蕭翼，他多才善謀，一定能找到《蘭亭序》。"於是，唐太宗令蕭翼去打聽《蘭亭序》的下落。

蕭翼經過多方打聽，終於弄清了《蘭亭序》的去向。《蘭亭序》由王羲之子孫收藏，後傳到第七世孫智永和尚手上，智永圓寂後，其弟子辯才和尚得到這幅墨寶。但辯才和尚將《蘭亭序》藏了起來，輕易不拿出來示人。

為了接近辯才和尚，蕭翼特意喬裝打扮了一番。他換上書生穿的長衫，來到了山陰永欣寺，假裝觀看寺中壁畫。辯才和尚看見蕭翼器宇不凡，便問道："施主從何而來？"

蕭翼拜道："弟子從北方來，路經貴寺，見到住持，真是三生有幸。"

辯才和尚見蕭翼言辭大方，知書達理，便將他引到禪房用茶。兩人談得非常投機，相互之間都有相見恨晚之意。不知不覺天色已晚了，蕭翼這才告辭而去。辯才和尚約蕭翼過幾天再來

寺中談論詩文，蕭翼答應了。過了幾天，蕭翼如約而至，兩人談天論地，不知不覺便成為無話不談的朋友了。

有一次，蕭翼對辯才和尚說："弟子平素喜好文墨，也收藏了幾件王羲之父子墨蹟，但不知真假，請住持鑒定。"於是，他拿出事先準備好的幾件王羲之信箋。

辯才和尚仔細觀看了一番，頻頻點頭："果然是王羲之真跡，但卻不是佳品。"

蕭翼歎了一口氣說："現在連年戰亂，要見王羲之書法佳品可不是件容易的事情呀。"

辯才和尚說道："那也未必。貧僧藏有王羲之的《蘭亭序》，但我從不示人。你我有緣，我就拿出來給你看看。"

說完，辯才和尚從屋樑上取下《蘭亭序》，並將其展開給蕭翼觀賞。蕭翼仔細看了半天，確定是《蘭亭序》真跡後，便亮出自己的真實身份，並對辯才和尚說，自己奉聖旨前來找尋《蘭亭序》，現在終於可以回宮交差了。

辯才和尚這才發現自己上當了，但是皇帝之命不可違，他亦只好把苦水往肚子裡吞。

唐太宗得到《蘭亭序》後，非常高興，重重賞賜了蕭翼。他又讓歐陽詢、虞世南、褚遂良、馮承素等人進行臨摹，並將摹本賜給皇子和親近的大臣。

後來，唐太宗在遺詔中還下令將《蘭亭序》作為陪葬品，於是，"天下第一行書"《蘭亭序》隨唐太宗葬於昭陵之中。

2. 初唐四家

由於唐太宗對書法的大力弘揚，初唐湧現出一批書法大家，其中以歐陽詢、虞世南、褚遂良、薛稷的書法成就最為突出，並稱"初唐四家"。

歐陽詢與虞世南是由隋入唐的書法家，入唐之前便頗有名氣。李淵建唐後，他們在書法上的造詣逐日精進，影響了初唐書法的發展。褚遂良還享有"唐之廣大教化主"的美譽，他幾乎集結了王羲之、歐陽詢、虞世南書法的長處於一身，爾後又自成一派，開啟了唐代楷書的新局面。相較之下，薛稷稍顯弱勢，他繼承了褚遂良書法的精妙，但自己的書法風格卻不甚明顯。

歐陽詢

歐陽詢（557年—641年），字信本，潭州臨湘（今湖南長沙）人。他一生經歷了南朝陳、隋、唐三個朝代，父親歐陽紇為南朝陳廣州刺史和左衛將軍，年幼時，其父舉兵謀反被誅，歐陽詢便由父親生前好友、尚書令江總收養。

歐陽詢天賦極高，聰穎敏慧，飽讀經史，博學強記。隋代官至太常博士，與李淵交情匪淺。唐建立後，歐陽詢官拜給事中，曾奉召參修《陳書》，主修《藝文類聚》，其文學修養可見一斑。唐貞觀年間，歐陽詢擔任弘文館學士，後遷至太子率更令，封爵"渤海縣男"，故人又稱之為"歐陽率更"或"歐陽渤海"。

歐陽詢的書法在其養父江總的影響下，初時師從"二王"，後效法北齊劉珉，又學習了西晉索靖的章草，逐漸創出"歐體"，書法嚴謹，筆力險勁。唐代書法評論著作《書斷》這樣描寫其書法風格："八體盡能，筆力勁險。篆體尤精……飛白冠絕，峻於古人，有龍蛇戰鬥之象，雲霧輕濃之勢，風旋電激，掀舉若神。真行之書，雖於大令，亦別成一體，森森焉若武庫矛戟，風神嚴於智永，潤色寡於虞世南。其草書跌宕流通，視之二王，可為動色；然驚其跳駿，不避危險，傷於清之致。"他的書法不僅名滿全國，甚至遠揚國外，史書記載唐武德年間，朝鮮半島高麗國曾特派使者來長安（今西安）拜求歐陽詢的書法作品。歐陽詢的傳世之作有碑刻《化度寺碑》《九成宮醴泉銘》《皇甫誕碑》《溫彥博碑》等，行書作品有《張翰鐵》《卜商帖》《夢奠帖》等。

《化度寺碑》《九成宮醴泉銘》為歐陽詢的代表作，完美地體現了他在楷書碑刻上的最高成就。《化度寺碑》立於唐貞觀五年（631年），當時歐陽詢已是75歲高齡。晚年的歐陽詢筆法日益精進，已達爐火純青的境界。此碑上的書法在秉承了險勁的同時又融入了一絲舒緩靈動，結體修長含蓄，與王羲之的《黃庭經》筆法相近，被視為歐陽詢最具"淳古"的作品。《九成宮醴泉銘》亦為歐陽詢晚年作品，由魏征撰文，記載唐太宗在九成宮避暑期間發現醴泉一事，立於唐貞觀六年（632年）。該書用筆方正而富有變化，佈局精准，字形清瘦修長，神采豐潤，於險勁之中追求平穩，一點一畫之間盡顯剛健，為後人學習楷書的模本，被譽為"天下第一楷書"或"天下第一正書"。明代陳繼儒曾說："此帖如深山至人，瘦硬清寒，而神氣充腴，能令王者屈膝，非他刻可方駕也。"

行書也是歐陽詢所擅長的，也可以說行書更能體現他的"歐式"風範。《夢奠帖》中，歐陽詢筆法老練，暢然連貫，收放自如，體方筆圓，墨色淺淡，沉穩剛勁。元代郭天錫贊道："此本勁險刻厲，森森然若武庫只戈戟，向背轉折，深得二王風氣，世之行第一書也。"

儘管歐陽詢的書法在隋代便享有盛譽，但他從不滿足，不斷進取。相傳有一次他騎馬外出，經過一條荒涼大道時，偶然發現路旁一塊不起眼的石碑竟出自西晉大書法家索靖之手。詫異之餘，他下馬細觀，久久不願離去，好不容易上馬啟程了，卻在走了幾千米後又折回來。只見他坐在碑前，雙眉緊促，目不轉睛地盯著石碑上的書法，還時不時用手對照著比畫。夜色逐漸包圍了這片天地，涼風習習，歐陽詢不為所動，將隨身帶著的一塊布展開，鋪在地上坐著，又繼續觀看、揣摩。三天三夜過去了，歐陽詢終於領會到了索靖章草的奧妙之處，這才站起身來，心滿意足地騎馬離去。

九成宮醴泉銘拓片（局部）

虞世南

虞世南（558年—638年），字伯施，越州余姚（今浙江慈溪）人，"淩煙閣二十四功臣"之一，官至秘書監，封永興縣子，故世稱"虞永興"。

虞世南的書法平和簡潔，時人多受其書風的影響。唐太宗十分欣賞他的為人和才華，曾稱讚他"一人兼有五絕"：德行、忠直、博文、文詞、書翰。當虞世南離世時，唐太宗還哀歎道："以後找不到能與朕談論書法的人了。"

世家望族出生的虞世南幼年經歷喪父之痛，被過繼給叔父虞寄，這也是表字"伯施"的由來。他少時便勤奮好學，博覽群書，以文章馳名一方，又跟隨智永學習書法，得"二王"法度。他的書法外柔內剛，恰如他的為人，筆觸溫潤儒雅，秀麗瀟灑。《書斷》曾將他與歐陽詢進行比較："歐之與虞，可謂智均力敵，亦猶韓盧之追東郭逡也。論其成體，則虞所不逮。歐若猛將深入，時或不利；虞若行人妙選，罕有失辭。虞則內含剛柔，歐則外露筋骨，君子藏器，以虞為優。"這段評價較為客觀中肯。作者張懷瓘也是唐朝人，儘管虞世南當時備受唐太宗殊遇，名震天下，但張懷瓘還是覺得"歐體"更"成體"，而"虞體"則更符合儒家崇尚的君子儒雅之氣。

由於虞世南的書法"平和",當時之人多受其影響,而後人則更多地趨向於歐陽詢的"險勁"。但是無論如何,二人都為初唐書法做出了突出貢獻,也為中國書法的發展做出了卓越成績。

宋代米芾的《書史》裡記載:"太宗力學右軍不能至,複學虞行書。"據此可知,唐太宗對虞世南推崇備至,認為他領會了王羲之書法的精髓,甚至通過他來學習王羲之的書法。而虞世南的行書作品《汝南公主墓誌》確實與王羲之的行草十分相近,皆是字形瘦削灑脫,精巧秀美。虞世南與唐太宗之間還有一則廣泛流傳的小故事。一天,唐太宗正臨摹虞世南的字帖,寫到"戩"字時,感覺另一半"戈"無從下筆,正好虞世南覲見,補寫了"戈"。後來,唐太宗將兩人合寫的"戩"字拿給魏征看,並問他:"從這個字來看,我學虞世南的書法學得怎麼樣?"魏徵回答:"這個'戈'字的神態與虞世南的書法最為接近。"唐太宗聽了,一來佩服魏征的鑒賞能力,二來對虞世南的書法更加尊崇。

虞世南的傳世作品有《孔子廟堂碑》《汝南公主墓誌》《昭仁寺碑》等。其中《孔子廟堂碑》為虞世南親自撰文並書寫,風格溫潤,點畫微妙,是他的代表作,也正是因這幅作品,唐太宗還賞賜了他一顆王羲之的黃銀印,從此虞世南譽滿中華。

褚遂良

褚遂良(596年—658年),字登善,錢塘(今浙江杭州)人。其父褚亮是魏晉名人,與虞世南、歐陽詢交往頻繁。褚遂良亦博學多才,官至諫議大夫、中書令,被封為"河南郡公",故世稱"褚河南"。

在虞世南離世之後,褚遂良由魏征引薦給唐太宗,唐太宗對其大為賞識,任命他為侍書,後不斷給予重任。唐太宗臨終時,褚遂良與長孫無忌同時被任命為顧命大臣,又受遺詔輔佐朝政,後因積極反對武則天為後,接連被唐高宗貶謫,最後懷著一腔怨憤死於愛州刺史任上。

作為後起之秀,褚遂良依次師法於歐陽詢、虞世南、王羲之,同時又融入了漢代隸書的優點,特點是楷書華美,特徵鮮明,而行書飄逸,變化多端。而褚遂良更出色的一點是,他的書法不僅能夠展現時代的風貌,展示民族氣節,還處處散發著個人氣息。作為名門望族子弟,他從小生活優越,不必為生計擔憂，也從未體驗過生活的艱辛，因此，他的書法洋溢著貴族風度，自在而灑脫，華美而精緻。而且，他的書法超出法度之外，突出體現了流動的意識形態之美，只求達到唯美境界，不甚在意歐陽詢等人建立起來的嚴謹的楷書規範。這既是他的優點，也是他的瑕疵。唐代李嗣真在《書後品》中這樣寫道："褚氏臨寫右軍，亦為高足，豐豔雕刻，盛為當今所尚，但恨乏自然，功勤精悉耳。"

褚遂良的傳世作品有《同州三藏聖教序碑》《伊闕佛龕記》《雁塔聖教序》《孟法師碑》等。其中《伊闕佛龕記》是褚遂良45歲時的作品，書法方正清朗，古雅剛勁，這時的褚遂良還沒有徹底擺脫北朝書法的影響。而他在57歲寫就的《雁塔聖教序》則已經充分展現了他的個人風貌，是其書法成熟時期的代表作。此碑文上的字清遠蕭散，結構偏方，以楷書為主，間有行草，儀態萬千，極具豐美之姿，並且作品中所有線條都具有生命張力，點畫之間抑揚頓挫，流動而圓潤。後人如此評價："如瑤台嬋娟，不勝羅綺，第壯其美麗之態耳，不知其一勾一捺，有錢鈞之力，雖外拓取姿，而中厭有法。"這種書風不僅為當世所追捧，也使得後世的許多書法大家都大為受益，如薛稷、顏真卿、柳公權、米芾等。

雁塔聖教序拓片（局部）

薛稷

薛稷（649年—713年），字嗣通，蒲州汾陰（今山西萬榮）人。他的曾祖是隋代著名文學家薛道衡，外祖父是唐代名士魏征。

顯赫的身世沒有使薛稷養成驕縱懶怠的習性，他苦讀詩書，考取進士，此後仕途通暢，官至太子少保，人稱"薛少保"，還一度是唐睿宗最為親信的大臣。可惜唐玄宗時期，太平公主與竇懷貞等人密謀造反，薛稷因知情不報而被賜死獄中。

在世之時，薛稷的文章、學術、書畫名冠時流，並深諳褚遂良書法的精妙。薛稷常將閒暇時間用在書畫藝術上，書法師承褚遂良。由於外祖父的緣故，他的家中藏有許多褚遂良等書法大家的名作。薛稷每日鑽研臨摹，達到廢寢忘食的地步，終於學成而名滿天下。

然而薛稷最終未能擺脫褚遂良書法的筆法模式，未形成自己的風格，所以他只能算作褚遂良的高足。因而當時有這樣一句話："買褚得薛，不失其節。"

薛稷的書法作品有《中嶽碑》《洛陽令鄭敞碑》《信行禪師興教碑》等，流傳至今的只有《信行禪師興教碑》。該作品筆法清瘦硬朗，結體疏朗，平正穩重之中顧盼動人，確得褚遂良書法之精髓。

三、盛唐書法

1. 顛張醉素

　　唐玄宗登基前期，即唐開元年間，勵精圖治，知人善用，使得國家政局穩定，經濟實力大增，文化全面發展，歷史上將這段時期稱為"開元盛世"。同唐太宗一樣，唐玄宗尊賢重士，大力發展文化，而他本人也是一個小有成就的書法家，尤善隸書、草書。只是唐玄宗不喜當時備受推崇的"二王"的楷書、草書，決心用隸書、章草扭轉這種風氣。

　　在封禪泰山後，他用氣勢磅礴的隸書寫下《紀泰山銘》後又寫下《石台孝經》。在他的宣導下，唐代又開始流行隸書，並以唐玄宗的隸書為範本，力求豐潤圓滑，齊整對稱。為朝廷服務的館閣學士更是投其所好，皆練就一手好書法，湧現出一大批隸書大家，如徐浩、陸堅、韋述等。但是他們拘於唐玄宗的喜好，無人敢於創新，字體呆板，被後人歸為"台閣體"。這是局勢造成的弊端，但盛唐開化的風氣仍造就了名家輩出的盛況，在這些人的努力下，楷書、行書、草書亦達到了新的高度。張旭和懷素便是草書集大成者，有"顛張醉素"之稱。

　　唐代的草書具有鮮明的時間界限，初唐以孫過庭的草書為代表，他延續了魏晉南北朝的傳統草書，字與字之間互相獨立，並無聯繫。進入盛唐後，賀知章在孫過庭的草書上稍有變化，略顯狂放。而張旭和懷素的草書則徹底擺脫了前人的束縛，恣意、連綿，為草書開拓出全新的境界。

　　張旭

　　張旭（生卒年不詳），字伯高，吳郡（今江蘇蘇州）人，官至左率府長史，故人稱"張長史"。他為人曠達豪放，尤愛嗜酒，詩詞、書法皆精，才華橫溢，學富五車，與賀知章、包融、張若虛合稱"吳中四士"，又與賀知章合稱"賀張"。賀知章少時便以文章、詩歌著稱天下，官至秘書監，後辭官去做道士。

他與張旭是姻親，交往甚密，兩人性情相近，志趣相投，常結伴遊玩，見到好的牆壁或屏障便會興致勃發，大筆一揮，留下數行飄逸的草書。相傳賀知章每醉必作書法，行草相間，飄忽怪異，灑脫率真，自以為奇，但是酒醒之後卻再也寫不出這樣的作品了。張旭在賀知章的基礎上更加縱延，創作出變化各異的狂草，史稱"草聖"。

張旭嗜酒，常常喝得酩酊大醉，然後一路狂呼疾走，手舞足蹈，落筆成書甚至用頭髮蘸墨當筆，故人送外號"張顛"。他的狂草在當時深受世人喜愛，與李白的詩歌、裴旻的劍舞一起被唐文宗贊為"三絕"。張旭初師堂舅陸彥遠，又習得陸柬之、虞世南的書法，將"二王"傳統草書加以改造，形成氣勢磅礴、恢宏大氣的狂草，宛若從九天落下的瀑布，激蕩起層層漣漪，也揭開了草書的新篇章。在張旭眼裡，生活中的事物都能夠使他參悟書法，他曾說見到公主和一位擔夫爭道的場景，又聽到鼓聲，忽而得到關於筆法的靈感，河南鄴縣公孫大娘舞的西河劍器則給了他草書神韻上的啟迪。當然，書法的奧妙還在於個人領會，張旭沉迷書法，整顆心撲在書法上，創作時心無旁騖，如癡如醉，達到這種境界的人自然會有一番作為。《肚痛貼》《古詩四貼》是張旭的存世草書巨作。《肚痛貼》為單刻帖，字體變化莫測，起筆甚高，猶如從懸崖上急速墜下一塊石頭，大有呼風喚雨、驚濤拍岸之勢。加之字形長廣，將"二王"側鋒急轉的特點放大，大開大合之間連綿不斷，意境深遠。《古詩四貼》是張旭用狂放的書法在珍貴的"五色箋"上書寫的南北朝兩位大文

古詩四貼

學家謝靈運與庾信的古詩共四首，其字不拘一格，用刪減筆劃形成氣勢上的連貫統一，對於力度的掌控適當，又帶來藝術上的美感，堪稱書法藝術的極品，現藏於遼寧省博物館。

除了草書，張旭的楷書也別有風味。《郎官石柱記》是最有可能出自張旭之手的作品，原石早已消磨在歲月裡，僅有一本宋代拓本，現藏於上海博物館。此碑上的書法結構簡遠，端正古樸，大有魏晉遺風，與虞世南筆意相近。宋代黃庭堅認為："唐人正書無能出其右者，故草聖度越諸家無轍跡可尋。"

許多人慕名前來向張旭求教，張旭皆悉心指點，其中便有顏真卿、鄔彤等人。而懷素作為鄔彤的弟子，從鄔彤那裡繼承了張旭草書的精妙，並進一步發展成個人特色鮮明的狂草。

懷素

懷素（725年—785年），字藏真，本姓錢，永州零陵（今湖南零陵）人。懷素自小尚佛，不顧家人勸阻，毅然出家為僧，誦經之余，愛好書法。他性格豪放，好美酒，每次酒興大發，便隨意揮灑筆墨，牆壁、衣物、屏障、器皿上都曾留下他書寫的痕跡，人送外號"醉僧"。

作為與張旭齊名的書法家，懷素的草書下筆如有神，扭轉奔放，轉折之間盡顯豪邁，好似武士拔劍般風馳電掣。任何成就的背後都少不了辛勤的付出，懷素練就書法也是如此。由於家貧無錢買紙，他便找來木板和圓盤，在上面漆上白漆，權當紙張。只是漆板雖能重複使用，但也有一個顯著缺點，那就是太過光滑，難以落墨。在寫穿了好幾塊漆板之後，懷素決定嘗試另一種方法。他在寺院附近開墾出一片荒地，種上近萬株芭蕉，等芭蕉長大之後就將芭蕉葉摘下來，在蕉葉上臨帖練習。懷素練習書法如癡如狂，沒多久竟然將所有的成熟蕉葉摘完了，想到小蕉葉摘了可惜，他就直接站在芭蕉樹旁用筆在鮮葉上寫字。炙熱的太陽和凜冽的寒風都不能減退他對於書法的熱情，日復一日，年復一年，終成狂草。

從筆法上看，懷素盡得張旭真傳，直逼"二王"，他曾出門遊歷數年，期間遍訪師友，還於唐大曆七年（772年）與顏真卿進行了一場論書。關於這場會面，懷素在他的《藏真帖》裡是這麼說的："近於洛下偶逢顏尚書真卿，自雲頗傳長史（即張旭）筆法。聞斯法，若有所得也。"也就是說懷素認為

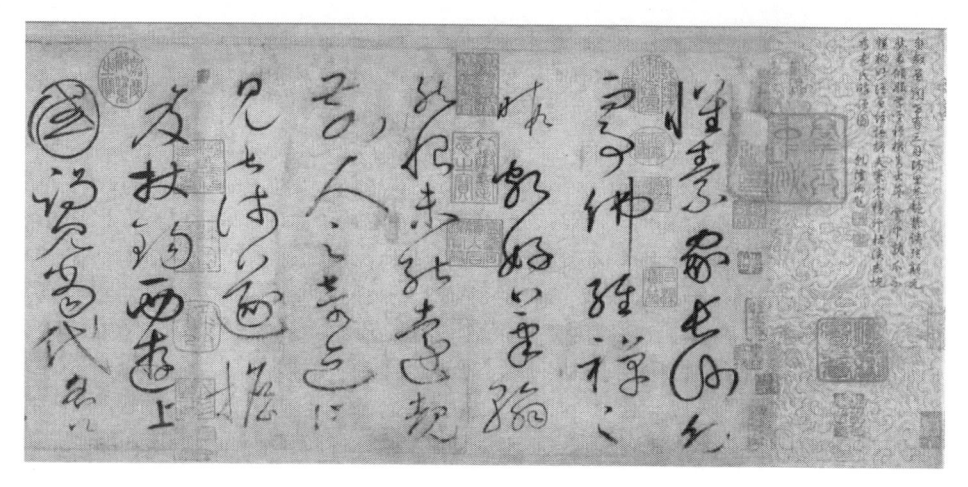

自敘帖（局部）

自己從瞭解張旭的顏真卿那裡學有所得。鑒於張旭與懷素兩人同為狂草大家，後人在談論書法的時候常常將二人進行比較：張旭草書妙在肥美，其筆鋒抑揚頓挫，骨肉鮮明；懷素草書勝在清瘦，字形較規整，多用中鋒，氣勢磅礴。總之，二人各有所長，同為草書之冠。

懷素的傳世作品較多，有《小草千文字》《清靜經》《聖母帖》《藏真帖》《律公帖》《腳氣帖》《自敘帖》等。其中，《自敘貼》自寫就以來就一直為書法愛好者所津津樂道，是他的代表作。在這幅長卷裡，懷素用中鋒突顯氣勢，任墨色盡情宣洩揮灑，恍如驟雨旋風撲面而來，驚雷過後，一卷草書已躍然紙上，起初筆勢迅猛急速，線條清瘦剛勁，粗細轉換之間別有一番風味，而後筆勢趨於和緩，線條也逐顯圓潤，過渡自然，張弛有度，實為草書中的經典。

2. 雍容大氣的顏真卿書法

盛唐時期除了張旭、懷素兩位草書大家外，顏真卿也是繼王羲之之後，中國書法史上的又一座高峰。

顏真卿（709年—785年），字清臣，京兆萬年（今陝西西安）人，祖籍琅琊臨沂（今山東臨沂），是琅琊氏後人，先祖顏之推為北齊大學者，著有《顏氏家訓》。

顏真卿幼年遭遇喪父之痛，由母親殷氏撫養長大，伯父顏元孫也對其教誨頗多。唐開元二十二年（734年），顏真卿中進士，從此踏上仕途，官至禮部尚書、太子太師，曾四次被任命為監察禦史，封魯郡開國公，人稱"顏魯公"。他為人清廉正直，嚴謹端嚴，是四朝元老，深得歷任帝王的信任，卻因直言敢諫，被朝廷奸臣視為眼中釘，多次遭排擠陷害。唐代宗時期，顏真卿被貶至撫州刺史。在撫州任職期間，顏真卿兢兢業業，毫無怨言，關心百姓疾苦，積極發展農業，還帶領群眾解決了困擾當地多年的水利問題，深得民心。

　　工作之余，顏真卿醉心於書法創作，一生從未間斷。少時由於家貧，他每每用筆蘸上黃土水在牆壁上練字，後拜在張旭門下學習書法。張旭在當時是頂尖的書法大家，擅長多種字體，草書尤為一絕。自拜師起顏真卿便渴望得到張旭真傳，然而令他失望的是，張旭只是給他介紹一些名家字帖，讓他勤加練習，有時候也給他指點一下各字帖的優劣之處。更多的時候，這位大師則是帶著顏真卿去登山游水，或是去趕集賞戲，回去之後就讓他練字，或在一旁看他揮灑筆墨。時間久了，顏真卿極不理解，便斗膽向張旭請教書法秘訣。張旭看著眼前這位好學的弟子，語重心長地對他說："書法從來就沒有秘訣可言，一重在練習，二重在領悟，我曾說過自然就是最好的老師，它會在各方面給你啟示。"

　　聽了張旭的一番教導，顏真卿幡然醒悟，此後愈是勤懇鑽研書法，集百家之長，終於創作出雄勁端莊、沉穩俊美的書法。顏真卿的書法反映了特屬唐代的書法新氣象，被喻為繼王羲之之後的第二人。蘇軾曾說："詩至於杜子美（杜甫），文至於韓退之（韓愈），畫至於吳道子，書至於顏魯公，而古今之變，天下之能事盡矣。"

　　除了跟張旭學習外，顏真卿亦向"狂僧"懷素請教過書法問題。唐代陸羽在《釋懷素與顏真卿論草書》中記載：唐大歷年間，顏真卿在洛陽向懷素請教筆法的真諦。懷素說："我經常看到夏天的雲彩多呈現奇特的姿態，山峰亦怪異，便常常悉心觀察，並將其變化奇妙之處引入書法藝術中。平時作書時，寫到痛快淋漓之處，如同飛鳥出林，驚蛇入草。有時候，我看到牆壁開裂的紋路，是那麼自然卻又富有力道，這多像書法用筆之法呀。"顏真卿問道："比起屋漏痕來說，如何呢？"懷素一聽這話，忙站起來握著顏真卿的手說："您真是體悟到了書法用筆的真諦了。""屋漏痕"是書法術語，比喻書法用筆不能在紙上一滑而過，要用力均勻，並需藏鋒，線條要飽滿厚重，其效果要像下雨天時，雨水沿著牆壁蜿蜓淌下的樣子。

這則典故說明了顏真卿對書法用筆的理解，也反映了他善於從創作實踐中總結經驗。"屋漏痕"亦說明顏真卿的書法審美取向，他的書法作品注重線條品質，透示著圓潤之美、凝重之美和流動之美。

顏真卿一生勤於書法創作，遺世作品也頗多，從這些作品中我們可以明顯地看出他的風格曆變過程。早期的代表作是44歲時寫的《多寶塔碑》，當時"顏體"尚未成形。石碑文字書寫工整，字體分佈均勻，筆劃緊湊，略顯姿媚，卻沒有創新。中期作品《郭氏家廟碑》為顏真卿撰文並以楷體書寫，

多寶塔碑拓片（局部）

的文字已經損毀大半，拓本保存完好，現藏於故宮博物院。碑上文字字形修長，筆劃橫粗豎直，收尾時尖峰微露，突顯氣勢，一掃初唐楷書的風貌，推陳出新"顏體"初具形態。65歲之後，顏真卿由生命的歷練中參透出書法的最高境界，生命與書法水乳交融，互相滲透，一撇一捺中溢滿著對於生命的感悟，筆墨上蘸滿了生命的真實形態，整體上卻又是一首生命的讚歌。《元結碑》《顏勤禮碑》《顏家廟碑》《奉命帖》等都是此時的作品，無一不透出一股神氣與風範。

寫於唐廣德二年（764年）的《爭座位帖》被宋代米芾評為"世之顏行第一書"，該帖是顏真卿與郭英之的書信稿，後被刻成碑。當時奸臣掌權，隻手遮天，顏真卿內心極度憤怒，奮筆疾書，一揮而就，因而一股忠義氣概貫穿全帖，令人驚歎不已。後世將此帖與王羲之的《蘭亭序》譽為"雙璧"。

當顏真卿聽到其侄子季明被安史叛軍殺害的消息後，沉痛切骨，揮筆寫

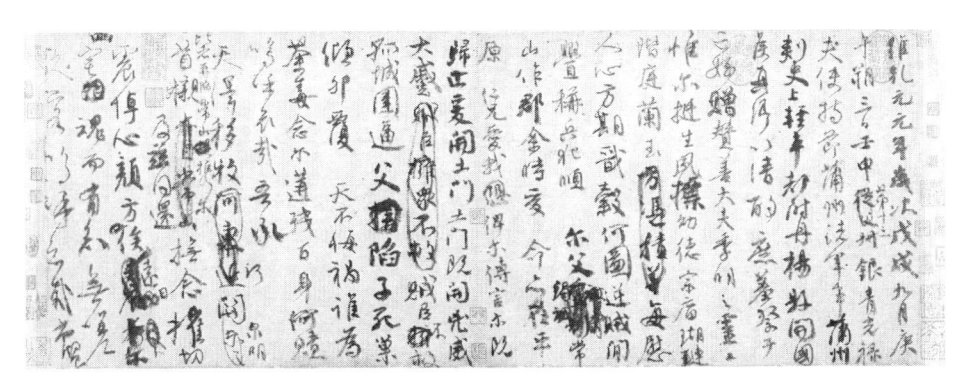

祭侄稿

下千古名作《祭侄稿》。其文字線條沉實，風格蒼勁，流露了顏真卿極度悲憤的心緒，被譽為"天下第二行書"。

顏真卿的楷書筋力健達，從容渾厚，與他高尚的人格如出一轍，贏得世人盛讚。唐興元元年（784年），顏真卿奉命招撫謀反逆賊淮西節度使李希烈，遭監禁一年後被李縊殺，此噩耗一出，三軍將士失聲痛哭。半年後，李希烈為手下人所殺，顏真卿的靈柩這才得以被護送回京，唐德宗下令廢朝八日，舉國哀悼這位忠臣。

總體來說，顏真卿的書法雍容大氣，代表了盛唐氣象。顏真卿為人忠耿，其書法亦符合"字如其人"的準則，後世對他評價極高。歐陽修在《集古錄卷七·唐顏魯公書殘碑》中曾這樣評述道："余謂顏公書，如忠臣烈士道德君子。其端嚴尊重，人初見而畏之 然愈久而愈可愛也。其見寶於世者不必多，然雖多而不厭也。故雖其殘缺，不忍棄之。"

3. 孫過庭《書譜》

孫過庭（646年—691年），名虔禮，以字行，吳郡富陽（今浙江富陽）人，一作陳留（今河南開封）人。唐代的書法家、書法理論家，工楷書、行草，尤善草書。

孫過庭的代表作《書譜》筆法精熟，得"二王"真諦，具有剛健含婀娜的意趣，是後世書家學習草書的經典範本。同時，《書譜》在古代書法理論史上佔有重要地位，涉及學習書法的諸多方面內容，如書法美學、書法創作、書法批評等；總結了張芝、鐘繇、王羲之、王獻之四位元大書法家的風格特徵；講述了影響書法創作的諸多要素（包括書法家的功力、書法家的情緒、書寫的工具材料以及天氣變化等外部條件）；此外，書中還強調了筆法在書法中的重要性，告誡書法家要掌握好"執、使、轉、用"等筆法。作為一部書學經典著作，《書譜》文采優美，有一定的里程碑意義。

4. 李邕、李陽冰及其他書家

李邕（678年—747年），字泰和，鄂州江夏（今湖北武漢）人，曾任北海太守，人稱"李北海"，能文，亦善書，其行草尤為著名。

李邕的書法以王羲之為宗，但他又自出新意，創出淩厲俊朗、沉穩雄健的個人風格。明代董其昌曾說："右軍如龍，北海如象。"李邕的傳世碑文有《李思訓碑》《麓山寺碑》《妙法寺碑記》等。

李邕的書法對後世影響很大，蘇軾、黃庭堅、趙孟頫均從其書法中獲得營養，但李邕卻這樣說："學我者死，似我者俗。"他從自己學王羲之書法的過程中，總結出這樣的經驗教訓：學習書法不能一味照搬臨摹，要有新意，需具有自我面貌。

唐玄宗時期，還有一位擅長篆書的書家——李陽冰。

李陽冰（生卒年不詳），譙郡（今安徽亳州）人，工書法，其小篆成就很大。李陽冰從李斯小篆中學得筆法，並自創"玉箸篆"，其小篆遒勁婉曲，姿態翩然，被譽為是"李斯小篆第一人"。他對自己的書法亦頗為自負，自謂"斯翁之後，直至小生，曹喜、蔡邕不足也"。其代表作有《三墳記》《城隍廟碑》等。

除了上述書法家外，盛唐時期的書法家還有史然、徐浩、杜牧、賀知章、高閑、裴休等，可謂群星璀璨、光彩耀目。

四、晚唐與五代書法

1. 柳公權

晚唐書法家以柳公權為代表，他延續發展了顏真卿的書法，並自成一家。柳公權的楷書也是唐楷的一大亮點，後人以"顏筋柳骨"指代二人，並將他們與唐代歐陽詢、元代趙孟頫一併稱為中國古代書法史上的"楷書四大家"。柳公權（778年—865年），字誠懸，京兆華原（今陝西銅川）人，官至太子少師，封河東郡公，世稱"柳少師"，也有人稱他為"柳河東"。

柳公權在楷書上造詣頗高，與顏真卿齊名，並稱"顏柳"。他初學王羲之，後汲取了歐陽詢、顏真卿在書法上的長處，於王書的妍美灑脫和顏書的雍容渾厚中衍生出獨特的"柳體"，筆劃之間骨力剛健，因此有"顏筋柳骨"一說。

柳公權29歲中進士，原本擔任地方上的低級官吏，後唐穆宗偶然見到他的書法，奉為極品，將其召到長安，柳公權從此平步青雲，名聲顯赫，歷仕七朝。當然，柳公權本人同他筆下的書法一樣正氣凜然，剛正不阿，這一點才是他得以長期立足於朝廷的關鍵。唐穆宗曾向他請教用筆之法，柳公權回答說"用筆在心，心正則筆正。"唐穆宗是個昏庸的皇帝，他聽了這句話，認為柳公權在借機譏諷他心術不正，心中頓生不快。於是，他對柳公權越來越疏遠了。從此，"心正則筆正"成了書法美學上的一句至理名言，它說明了這樣一個道理：學書者要提高自己的人品和修為，人品好，書品才好。

在《柳氏家訓》的薰陶下，柳公權終生以德行上的修養作為自己的最終目標，同時修習佛教、道教、儒家思想，因而超脫物外，以絕世的風範熔鑄成"柳體"。不僅帝王欣賞他的書法，王公貴族全都不惜重金求購他的墨寶，甚至出現了這樣的一種現象：大臣權貴的家廟碑刻只要不是出自柳公權之手，便會被人視為不孝，而外國的使節也會來長安高價購買柳公權的書作。

柳公權傳世的代表作有楷書碑刻《玄秘塔碑》《神策軍碑》等，行書作品有《蒙詔帖》等。

《玄秘塔碑》和《神策軍碑》都是柳公權書法鼎盛時期寫就的，此時"柳體"已大有成就，一改盛唐書法的豐腴之風，力求骨力剛勁，線條挺拔，瘦硬爽朗。從碑文上可看出，"柳體"左右均勻，較為修長，中密外疏，以一種全新的書法面貌展現在世人面前，是唐代楷書的另一成就。步入晚年的柳公權在將"柳體"發揮到極致後，漸漸隱藏起筋骨外露的作風，字的棱角變得溫潤起來，如同一股自九天而下的瀑布在經歷輝煌之後逐漸沒入深山老林，大概是心境所致吧。

神策軍碑拓片（局部）

《蒙詔帖》為柳公權寫的一封信箋，書法的前四行筆法雄健，字與字之間大小相間，灑脫流暢，後四行則稍遜，結構鬆散，神韻不再，據此有學者認為是宋人仿本，至今難下定論。

2. 楊凝式與五代書法

709 年，朱溫篡唐立後梁，拉開了五代十國的歷史序幕，此後的 50 多年間，後梁、後唐、後晉、後漢、後周依次主宰中原大地，還出現了前蜀、後蜀、吳、南唐、吳越、閩、楚、南漢、荊南、北漢共十個割據政權，合稱"十國"。在這種政權頻繁更迭的局勢下，士人無心再鑽研書法藝術，翰墨就這樣陷入了低谷。然而五代畢竟還是出現了楊凝式，他一人引領了整個五代書法的潮流。

楊凝式（873 年—954 年），字景度，號虛白，陝西華陰人，生於唐懿宗時期，後曆仕五代，官至太子少保，世稱"楊少保"。楊凝式出身官宦世家，祖輩皆為唐代重臣，他本人聰慧好學，文采斐然，於唐昭宗期間考中進士，登上仕途。動盪的朝政使得朝廷眾臣人心惶惶，誰也難保自己能夠在這樣的局面下存活下去。看清這一切的楊凝式索性裝瘋，一則保全全家性命，二則可以隨心所欲，無所顧忌。出人意料的是，他的這個辦法十分管用，不但安然活了下來，還一直擔任高官，地位顯赫。每一位皇帝都極為愛惜楊凝式的才華，加之對他時不時發作的"瘋病"早有所耳聞，便由著他不時說幾句過分的話，只當是發病了。連皇帝都如此縱容他，文武百官更是不便干預，因而，在那樣的時代背景下，唯有楊凝式自在灑脫，隨心所欲地過了一生，實在是高人。

　　楊凝式的書法遒勁灑脫，自由狂放，是以歐陽詢和顏真卿的書法作為基礎，然後融入自己的縱逸不羈，從而形成獨樹一幟的書風，人稱"五代書法第一人"，對宋代書法的發展影響極深，是承唐啟宋的關鍵人物。

　　楊凝式崇尚佛法，經常遊覽各地的寺廟，每到一處山清水秀的地方便興致勃發，駐足詠詩，邊詠還邊寫在附近的牆壁上。在他走後，人們小心翼翼地將這些載有墨寶的牆壁保護起來，唯恐破壞了藝術。

　　與張旭、懷素的狂放不同，楊凝式的狂放中多少夾帶著一絲心酸和自我嘲諷。扭曲的時代迫使他佯瘋，因而他寄情於文學、書法，企圖在藝術中尋求心靈上的慰藉，如此一來他的書法作品中烙印著時代的痕跡———一個空有一身文采的文人在面對亂世時的無奈與不甘，並且過度追求自我。楊凝式題在牆壁上的書法作品在北宋時期還保存完好，黃庭堅親眼見過並做了評述，只可惜現在已不見蹤影，而流傳下來的紙本墨寶僅有行楷書《韭花帖》、行書《盧鴻草堂十志圖跋》、行草書《夏熱帖》、草書《神仙起居法》和刻帖《新步虛詞》等。從這些作品的內容來看，我們不難發現一個共同點，那就是所有作品的主題都無關乎莊嚴肅穆，也許在這個怪才的眼裡，世俗裡的點滴小事才具有真實性。

　　《韭花帖》被認為是楊凝式在常人狀態下寫就的書帖，當時他午睡剛醒，腹中空空，恰巧有人送來美味的韭花，他高興之餘欣然提筆答謝。此帖的字體介於行書和楷書之間，妍美清新，雖與《蘭亭序》的筆法、章法都大相徑庭，

韭花帖

但是表現出來的韻味卻大有王羲之的風範，被譽為"天下第五行書"。該帖字形瘦長，用筆渾厚而不失活潑，字的排列錯落有致，自然秀美。就目前所知《韭花帖》有四本，僅清末羅振玉藏本為真跡，是清代鑒書博士冒著生命危險從內務府偷出來的，後流入民間，現藏於故宮博物院。

相較之下，《神仙起居法》和《夏熱帖》等作品中恣意散漫、變幻莫測的筆法確實展現了他內心複雜的狀態——表面上荒誕怪異，實則大徹大悟。

《神仙起居法》現藏於日本，作品中的字體狂放緊密，難以辨認，仿佛信手塗鴉之作，然而細品之下則會發現筆劃的虛實、緊密都有法可循，筆法圓潤，佈置精妙，耐人賞玩，已達出神入化的境界。後代學楊書者不計其數，但唯有宋代米芾能夠得其一二，而他本人也被稱為"米顛"。

第四編　宋代至元代書法

　　承唐繼晉的宋代書法注重意趣，強調寫神，開創了一代尚意新風，代表書法家有蘇軾、黃庭堅、米芾、蔡襄。除"宋四家"外，趙佶、趙構父子的書法亦別具一格，薛紹彭、陸游、范成大、吳琚等人也有書名。

　　遼金書法，受晚唐和北宋書法影響較大，但並無特別面貌。

　　元代帖學大興，以趙孟為代表的書法家舉起復古大旗，故元代書法主張繼承顥唐，但並沒有自己的特色。

一、尚意的兩宋書法

1. 宋四家

宋太祖趙匡胤於960年建立宋王朝，他以"崇文抑武"的方針治理國家，這樣雖然令宋王朝在外交上被動受制，卻使得中國長期維持穩定，文化經濟迅速發展，並帶來了書法史上的又一次輝煌。

魏晉書法講究筆韻，唐代書法注重法度，宋代書法崇尚意境，這其實也是書法發展的必經階段，筆法與筆意是書法形成的關鍵，而筆意的實現是建立在筆法完善的基礎上的，因而在唐代完成了法規的制定後，實現筆意就成了宋代書法家追求的目標。蘇軾、黃庭堅、米芾、蔡襄被視為宋代書法最高水準的代表人物，合稱"宋四家"，他們在書法上的造詣將宋代"尚意"書法推到一個新的高度。關於"宋四家"還有一種說法，認為是蘇軾、黃庭堅、米芾、蔡京四人。蔡京的字寫得不錯，但是人品太差。宋徽宗時期，蔡京為了打擊司馬光等忠臣，便命人製成一座"元祐黨人碑"，並親自將司馬光等人的"罪狀"寫成碑文，讓工匠刻碑。許多工匠不想聽從蔡京的命令，結果都被殺害了。蔡京死後，人們便將"元祐黨人碑"砸碎了。人們厭惡蔡京的為人，遂惡其書，故而把他排除在"宋四家"之外，讓忠厚正直的蔡襄取而代之。

對於"宋四家"的排行，古來便爭議不斷。蘇軾無疑是"尚意"書法的領頭羊，普遍被排在首位。到了近代，康有為提出黃庭堅應當位列第一，理由是蘇軾、米芾、蔡襄都只有一種書體名世，而黃庭堅在行書、楷書和草書方面都有極高的造詣。但是，若要論對後世的影響，米芾無疑是首位，明代董其昌就提出米芾應當居於蘇軾之上。至於年紀最長的蔡襄，各人觀點不盡相同，蘇軾曾推他為"近世第一"，但是蔡襄的"尚意"書風表現得並不明顯，並未完全脫離唐代書法的局限。

以上觀點都各有道理，難以做出評判，但是有一點是可以肯定的，即這四大家都在書法史上留下了光輝的印記。

蘇軾

蘇軾（1037年—1101年）字子瞻，又字和仲，號東坡居士，世稱"蘇東坡"，四川眉山人，宋代著名文學家、書畫家，與其父親蘇洵、弟弟蘇轍並稱"三蘇"。

宋嘉祐二年（1057年），蘇軾中進士，被授予大理評事、簽書鳳翔府判官。當時朝堂之上新任宰相王安石力推新法，許多官員不贊同變法，被迫離京，其中有蘇軾的許多師友，包括一直非常賞識他的歐陽修。蘇軾進京途中看到很多百姓因新法而備受煎熬，於是毅然上書反對新法，結果遭到排擠，只得請求外調。朝廷便命他擔任杭州通判，三年任期滿後，又調往密、徐、湖三州。宋元豐三年（1080年），蘇軾因"烏台詩案"入獄，幾乎喪命。出獄後，他被降職為黃州團練副使。宋元豐七年（1084年），蘇軾奉召前往汝州任職，因為途中他的幼子夭折，便上書請求暫時留在江蘇常州，而常州也成了他的終老之地。

就書法而言，蘇軾擅長行書、楷書，師從"二王"、徐浩、褚遂良、顏真卿、柳公權、楊凝式等，對各派書法中精妙之處非常瞭解；又在傳統書法的基礎上力求革新，特別強調寫意。"尚意"這一說法出自蘇軾的詩句"我書意造本無法，點畫信手煩推求"，而其後的《次韻子由論書》中又提到"吾雖不善書，曉書莫如我。苟能通其意，常謂不學可"。由此可知，"尚意"就是指在創作過程中，書寫者應當注重融入自己內心的情感，借書法進一步抒發自己的感悟和聯想，從而使書法超出法度之外，擁有更為深邃的藝術內涵。

"出新意於法度之中，寄妙理於豪放之外"是蘇軾的一貫理念，他筆下的書法妍美而圓潤，看似平淡，實則充斥著一股延綿不斷的氣息，從而形成了跌宕起伏、豐腴自然、天真奔放的書風，與他的性格如出一轍。當然，這種書風的創立與蘇軾別具一格的握筆方式不無聯繫。蘇軾執筆只用拇指、食指、中指，即所謂的"撥燈法"，這使得他的字呈現出左豐右弱、筆劃渾厚而簡練

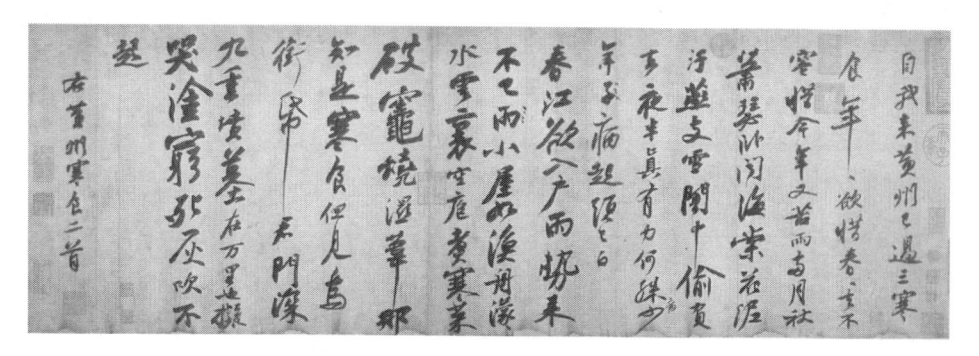

黃州寒食詩帖

的姿態。

蘇軾的傳世作品有《黃州寒食詩帖》《天際烏雲帖》《洞庭春色賦》《前赤壁賦》《李白仙詩帖》《江上帖》等，其中很多的優秀作品是他在被流放黃州的十多年中完成的。當時，蘇軾在遭遇仕途上的接連挫敗和"烏台詩案"的打擊後，滿腔的抱負早已煙消雲散，並一心向佛。佛法宣揚的"呵佛罵祖""眾生平等"等思想，讓蘇軾在書法上得以突破傳統束縛，形成自己獨特的風格。

《黃州寒食詩帖》寫於蘇軾被貶黃州第三年的寒食節，被譽為僅次於王羲之的《蘭亭序》和顏真卿的《祭侄稿》的"天下第三行書"。詩文中抒發了蘇軾對於人生的感慨，而書法也處處體現了這種淒涼而不失曠達的心境。此帖內容激昂，筆墨恣意揮灑，跌宕起伏，氣勢恢宏，英氣逼人，以"無意於佳"達到了最佳，對後世影響深遠。

晚年的蘇軾在書法上幾近登仙，筆法愈加老練，所有思緒如一泓清泉，緩緩流動著，不漲不息，令人歎為觀止。然而朝廷中黨派之爭使得蘇軾的詩詞書法遭到禁止，留傳下來的作品不多，實為遺憾。

黃庭堅

黃庭堅（1045 年—1105 年），字魯直，號山谷道人，晚年又號涪翁，被後世稱為"黃山谷"，洪州分寧（今江西修水）人，為蘇軾門下弟子，與張耒、秦觀、晁補之並稱"蘇門四學士"。

黃庭堅於宋治平四年（167 年）中進士，擔任過葉縣尉、國子監教授、太和知縣等職務。與蘇軾的遭遇相同，黃庭堅在新舊兩黨鬥法時支持舊黨，雖未採取行動，卻因此終生被新黨排擠打壓。

黃庭堅詩詞、文章皆精，詩與蘇軾齊名，並稱"蘇黃"，還是"江西詩派"的創始人；詞與北宋秦觀齊名，然稍遜於秦觀。黃庭堅的書法最能代表他的藝術成就，一開始他學習的是宋代周越的書法，而後改習顏真卿、懷素、楊凝式。他從這些名家中汲取最適合自己性格與喜好的精髓，加以融合，開創出瘦勁從容、縱橫奇勢的書法新境界，從而在名家輩出的宋代走出了一條屬於自己的康莊大道。

今存黃庭堅書法作品有《砥柱銘》《松風閣詩》《花氣熏人帖》《牛口莊題名卷》《黃州寒食詩跋》等，皆是行書、行楷和草書作品。在行書方面，黃庭堅進行很長時間的探索才得以突破，從他40多歲時的作品可以看出，當時他還處於模仿蘇軾的階段，其字體端正厚重，與後期鬱拔婉通的風格迥異。在回望這個時期的作品時，黃庭堅自己也感慨道："我當時自詡作品可以與楊凝式比肩，現在想來，實在汗顏，原因就在於完全不知用筆之法。"據傳，有一次，黃庭堅在乘船的時候，看見船夫劃槳便悟得書法"一波三折"的用筆之法，此後書法便大有長進。

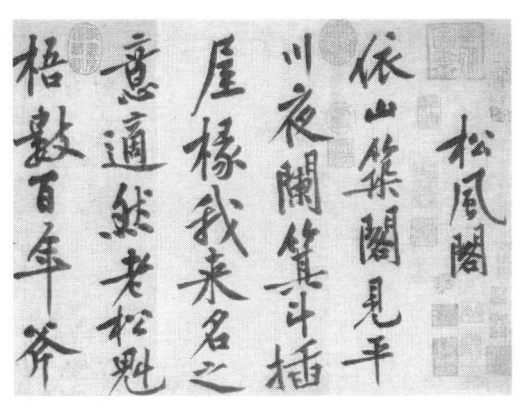

松風閣詩帖（局部）

黃庭堅正是因為經常反省，才能夠不知滿足，不斷進取。在歲月的磨煉下，黃庭堅的心境愈發開闊，政治生涯的屢屢受挫反而使得他在書法上日益精進，並對書法有了更深的感悟。他的書法不僅是一種藝術，更是一種生命形式的體現，大起大落間穿插著內心的酸甜

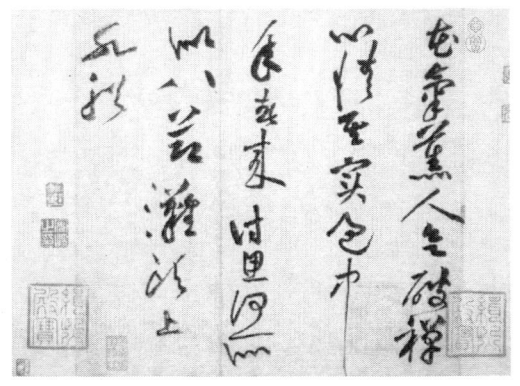

花氣熏人帖

苦辣，一股鬱鬱不平之氣迴盪其中，令人久久不能忘懷。

就這樣，黃庭堅用畢生時間和精力完成了書法上的蛻變，給後人留下了眾多書法瑰寶。更可貴的是，除了親身實踐，黃庭堅還進行了理學研究。他圍繞"韻"字闡述了自己對書法的感悟，認為"韻"是書法的關鍵。他在評價前人作品時，也常以"韻"來定高低。"韻"也可以理解為"不俗"，他強調書法一旦流俗便失去了價值，而免俗的最好辦法便是多讀書、多思考、多領悟。這個觀點在當時是十分新穎的，也給後人以極大的啟迪。

米芾

米芾（1051年—1107年），字元章，號襄陽漫士、海岳外史、鹿門居士，北宋書法家、畫家。祖籍太原，後在潤州（今江蘇鎮江）定居，歷任校書郎、書畫博士、禮部員外郎。

米芾是"宋四家"裡最背離常規的一位。他性格怪異，舉止荒誕，有潔癖，喜歡奇石，甚至與一塊石頭稱兄道弟，並對其膜拜不已，人送外號"米顛"。

米芾天資聰穎，在詩文、書法、鑒賞方面成就斐然，而他平生最注重對書法的鑽研，在書法上的成就最高。米芾小時候家境貧寒，在私塾苦學三年後，寫出來的字仍舊平淡無奇。

一天，米芾聽說有一個趕考秀才路過這裡，便趕緊拜訪請教。那位秀才見了米芾的臨帖，說道："想向我學習可以，但是我有一個條件，你必須買我的紙，五兩銀子一張。"米芾咬了咬牙，同意了，向人借了銀子交到秀才手中。秀才遞給他一張紙，就擺擺手讓他回去寫一幅字，三天後帶過來。米芾回到家，將紙鋪在桌子上，卻一直不忍心下筆。

三天后，秀才來了，見米芾沒動筆，故意驚訝地詢問原因。米芾這才意識到三天的期限已經過了，不好意思地回答："我擔心浪費了這張紙，所以遲遲沒有下筆。"

秀才聽了便說："那麼，現在可以下筆了吧。"

米芾沉吟片刻，提筆寫了一個"永"字，筆法雄健，秀麗流美。秀才見了大為讚賞，又故意問道："為什麼你在私塾的三年比不上現在的三天呢？"米芾若有所悟地回答："我想到這張紙很貴，便在心裡琢磨了許久，所以能夠寫出好字。而我之前根本就沒有用心領會字的深意。"

秀才贊道："就是這個道理。寫字不僅在於掌握字的結構，更要深入領會字的韻味，神形兼備才是寫好字的關鍵。"

蜀素帖

說完，秀才執筆在"永"字後面添了七字：(永)志不忘，紋銀五兩。然後將那五兩銀子還給米芾，仰天大笑而去。

經過秀才的提點，米芾苦學名家書法，對諸位書法大家的筆法、章法、意蘊都鑽研得十分透徹，為其書法取得輝煌成就打下了良好的基礎。據米芾自己說，他壯年時汲取百家之長，還未曾形成自己的風格，別人將他的書法稱為"集古字"。等到老了以後，他的書法才終於自成一家，別人見了，竟"不知以何為祖"。據史料記載，31歲是米芾書法的重要分界線，此前他深得名家精髓，臨帖幾乎達到以假亂真的地步。31歲之後，米芾專程拜訪了被貶謫到黃州的蘇軾，蘇軾在對他大加讚賞的同時，還勸他學習晉代書法。米芾深以為然，潛心鑽研晉書，終使書法風格得以蛻變，達到俊逸爽朗、雅致多姿、出神入化的境界。

為了更好地學習晉代書法，米芾還專門搜集晉人法帖，沒多久，便找到了王獻之的《中秋帖》。米芾欣喜若狂，對《中秋帖》視若珍寶，並悉心臨摹。掌握《中秋帖》的筆法後，米芾便覺得王獻之的書法技藝在其父之上。

不過，善於學習的米芾並沒有一直籠罩在"二王"的陰影下，他很快便不滿足於只學習晉人法帖了，認為"二王"書法為"奴書"，並決心"一洗二王惡箚"。

米芾留傳下來的作品較多，大部分為行書、草書，有《苕溪詩卷》《蜀素帖》《論草書帖》《珊瑚帖》等。

《珊瑚帖》為米芾晚年的行書作品，其字態更加飛揚隨意、自然灑脫，既出於情理之外，又合於法度之中。

草書作品《論草書帖》不僅具有較高的文學價值，也頗具書法藝術價值。在此帖中，米芾以俯視一切的姿態宣稱"草書若不入晉人格，輒徒成下品"，並在書法中做出了示範。其字沉穩雄健、古典雅致，頗有晉人之風，卻又不失米書特色。

蔡襄

蔡襄（1012年—1067年），字君謨，興化仙遊（今屬福建）人，是宋天聖八年（1030年）的進士，曾擔任館閣校勘、龍圖閣直學士等職，後官至端明殿學士，死後贈禮部侍郎，追諡"忠惠"。

蔡襄為人忠直正義，他醉心於翰墨，自成一家，具有極高的聲響，歐陽修與蘇軾對其尤為推崇，宋仁宗也對其青睞有加。蔡襄於百家書法中提煉出精華，加以融合，而後形成渾厚端莊、優雅溫和的風格。蘇軾認為蔡襄的書法"心手相應，變態無窮，遂為本朝第一"，其中"行書最勝，小楷次之，草書又次之"。

澄心堂帖

蔡襄非常愛惜筆墨，不輕易為他人題字，所以留傳下來的作品較少，但他平日裡寫下的斷章殘稿都被人悉數收藏了。蔡襄現存的墨蹟有《門屏帖》《自書詩帖》《謝賜御書詩》

《遠蒙帖》《陶生帖》《澄心堂帖》等，碑刻有《萬安橋記》《晝錦堂記》等。

《扈從帖》是蔡襄行書的代表作，比起早期圓潤舒暢的書寫風格，此帖更顯嚴謹端莊，筆法也更加收放自如，將蔡襄的精湛技藝與個人風格表現得淋漓盡致。楷書作品《門屏帖》是其最早創作的作品，此時蔡襄筆力稍顯不足，其後的《虛堂詩帖》則更沉穩厚重，大有顏真卿的書風。

中年時期的代表作《謝賜御書詩》已經完全形成了自己的特色 淳樸淡然，清健妍麗。蔡襄的草書雖次於行、楷，但因為秉承了魏晉風範，亦不失風流韻味。

《陶生帖》中，中鋒、側鋒交錯穿插，俊逸清秀，偶爾出現的章草更是為整件作品增添了幾分質樸。

蔡襄並不是"尚意"的開創者或領軍人物，其書法嚴格來說仍舊保留著魏晉唐的遺風，沒有突破法度之外的創新，但他的書法宛若紐帶，將唐代的法度與宋代的意趣聯繫了起來，是書法發展史上不可或缺的人物。

蔡襄在書法上的開拓，為宋代書法迎來鼎盛時期奠定了基礎，各書法家相繼登場。他們多是修為較高的文人墨客，更難能可貴的是，他們還具有挑戰意識和創新意識，蘇軾、黃庭堅、米芾更是發展了"尚意"書法，從而成為宋代書壇主流。

2. 帝王書法

趙佶（1082 年—1135 年），即宋徽宗，是宋王朝第八位皇帝。趙佶雖然不善治理國家，但愛好文藝，尤善書畫，他平時喜歡把米芾召過來，看他寫字。

趙佶於書法，最開始是學薛稷，後又學黃庭堅，並自創一種挺拔秀麗的"瘦金體"。《書史會要》曾這樣評價道："徽宗行草正書，筆勢勁逸，初學薛稷，變其法度，自號瘦金書。"趙佶的代表書作有《瘦金體千字文》《欲借風霜二詩帖》《夏日詩帖》《穠芳詩帖》《歐陽詢張翰帖跋》《閏中秋月詩帖》等。

閏中秋月詩帖

趙佶的兒子趙構，亦具有很高的藝術天賦。趙構（1107 年—1187 年），字德基，是南宋開國皇帝，即宋高宗。趙構雖然為人昏庸，但精於書法。

趙構對自己的學書經過曾有這樣的敘述："余自魏、晉以來以至六朝筆法，無不臨摹。或消散，或枯瘦，或遒勁而不回，或秀異而特立，眾體備於筆下，意簡猶存取捨，至若《禊帖》，則測之益深，擬之益嚴。姿態橫生，莫造其原，詳觀點畫，以至成誦。"在宋高宗的大力宣導下，南宋的書法研習氣氛非常濃厚。趙構書法取法廣博，其書風婉麗、流暢，頗得晉唐名家神韻，其代表作有《草書洛神賦》《草書千字文》等。

二、遼金書法

1. 遼代書法

遼王朝有著較為完善的社會體系，並開創出了兩院制（以兩個單獨運作的議院作為立法機構的政治體制），實屬一大壯舉。916 年，遼太祖耶律阿保機一統契丹各部，定國號為"契丹"。936 年，驍勇善戰的契丹人南下中原，滅五代後晉，建立"大遼"，統治著中國北部。為了鞏固政權，統治者在宣揚契丹文化的同時，也注意吸收渤海、北宋、西夏等國的文化，使得遼王朝呈現出大一統的繁榮局面。據《契丹國志》記載，遼太祖精通漢語，並且非常仰慕中原文化，其長子耶律倍更是在醫巫閭山上建立起了一個彙集萬卷中原書經的藏書閣，名曰"望海堂"。在這種時代背景下，遼書法創作多以中原文化為主，但由於存留遺跡較少，史料亦極少提及這個王朝，因而在書法方面，遼有記載的遼書法家並不多，代表人物有龐可生、鄭熙、張惟白、張龍圖、王詮等，他們的書風與晚唐書風較為接近，同時也摻雜了北宋諸家書法的特點。

龐可生（983 年—1031 年），遼聖宗時著名書法家，其書法卓然一時，尤精於楷書，代表作品有《廣濟寺碑》《妙法蓮華經卷第四》等。《廣濟寺碑》為楷書寫就，立於遼太平五年（1025 年）三月。其書風端莊秀麗，章法嚴謹，備受推崇。《妙法蓮華經卷》為遼最為暢銷的經卷刻本之一。契丹人十分信奉佛教，因而佛經的整理與刊刻活動十分興盛。在該經第四卷有落款"攝大定府文學龐可升書"，因此可斷定原書跡出自龐可升之手，後經民間雕成刻本。

鄭熙（951 年—969 年），涿州范陽縣人，遼穆宗時書法家。代表作有《雲居寺碑》(全稱《重修雲居寺千人邑會之碑》)。該碑文記載了雲居寺修築的歷程和在此舉行的宗教活動,並提及了與會的遼王朝重要官吏及當時的高僧,因而對於考證遼史具有非常重大的意義。單就書法而言,其筆法雄健疏朗,蒼勁凝重,令人稱奇,雖師法唐人,卻頗具己風。

張惟白(生卒年不詳),燕京(今北京)人。遼大康四年(1078年),他以楷書寫就了《大遼折津府良鄉縣張君於古積山院讀藏經之記碑》,這一碑文也成了他現今僅存的書法作品。其書圓潤勁道,俊逸秀挺,實屬不可多得的書法佳作。

張龍圖(1055年—1101年),燕京人,自號燕台逸士、燕京逸士,工書法,尤以寫經聞名。根據史料記載,其經書作品包括《佛說大悲經》《瑜伽師地論》《菩薩地持經》《善思童子經》等17種,是遼當時主流的寫經人,為佛學經書的流傳做出了突出貢獻。此外,他的碑刻作品更是多達198條。張龍圖的書法清遠硬朗,穩重秀潤,平實之中蘊含深意。

2. 金代書法

金王朝是由我國少數民族女真族建立起來的政權,勢力範圍為中國東北和華北地區。1115年,金太祖完顏阿骨打統一女真各部落後,在會寧府(今黑龍江阿城區)建都立國,定國號為"大金"。10年後,在遼金之戰中,金以絕對的優勢大敗遼,進一步擴充了自己的領土,成為北宋最為強勁的對手。

在書法史上,金向來處於被忽視的位置。短暫的一個多世紀的存在沒能使這個朝代在歷史的舞臺上盡情展示自己獨到的一面,就好似一場大戲還沒開始便已落下了帷幕,令人唏噓不已。然而,我們不能因此否定金代書法的成就。它並非可有可無,事實上,它是遼宋文化的紐帶,書寫了元代書法復古大潮的序章。

金代早期文字以女真文字為主,後來在漢文化的影響下,人們的審美發生了轉變,這使得金代書法逐步向中原書法靠攏。

金代書壇因幾位中原書法家而大放異彩,並在金章宗時期出現了鼎盛的當時,金章宗酷愛書法,尤為欣賞宋徽宗所創的"瘦金體",閒暇時分常加以研習。在他的宣導下，金王朝掀起了一股學書熱潮，並出現了一些影響深遠的大書法家。這些書法家多為中原人士，書風雖仍舊沿襲前人，但亦可圈可點，代表人物有党懷英、王庭筠、趙秉文等人。

党懷英（1134年—1211年），字世傑，號竹溪，諡號文獻，馮翊（今陝西馮翊）人，後定居山東泰安，官至翰林學士承旨，世稱"黨承旨"。他的文章、書法、繪畫聲震一時，有"第一"之稱。党懷英現今留存下來的書法作品極少，《大金得勝陀頌碑》的碑額即出自他之手，《靈岩寺碑》亦是他的書法代表作。

王庭筠（1151年—1202年），字子端，號黃華山主、黃華老人、黃華老子，別號雪溪，遼東（今營口熊嶽）人，文學家、書畫家。王庭筠自幼聰穎，文采風流，照映一時，並且，他是米芾的外甥，因而得其真傳，書法雖帶有胡人的剽悍，也不乏風流蘊藉之氣，故而後人對其評價極高。存世作品有《幽竹枯槎圖》《博州重修廟學記》《重修蜀先主廟碑》等。

趙秉文（1159年—1232年），字周臣，號閑閑居士，晚年號閑閑老人，磁州滏陽（今河北磁縣）人，文學家、理學家、書法家。其生性好學，詩文書畫無所不精，在書法方面尤以草書為最。趙秉文在金代書壇與党懷英、王庭筠齊名，然其書法卻是師從王庭筠，後來又兼學古今各大家，終在晚年時得以大成，以遒勁沉穩的草書聲震一時。

三、趙孟頫與元代復古思潮

作為我國歷史上唯一一個由少數民族建立起來的大一統帝國，元王朝共歷經11位皇帝，存在了90餘年。元王朝疆土遼闊，東臨日本海，北至北海，這與蒙古族人的驍勇善戰不無關係。在建立政權的時候，考慮到中國大部分領土已經為漢文化所覆蓋，因而元代統治者順應國情，力推漢族文化，並親身實踐，元仁宗、元英宗便是其中的代表。當然，他們這樣做還有一個目的——拉攏漢族知名文人學士，利用他們的影響力和號召力鞏固自己的政權。在這種政策之下，元代文化藝術蓬勃發展，還出現了元曲和散曲等新的藝術形式。

元王朝雖然對漢族文人學士採取禮遇的態度，但是他們同時推行了種族和地域歧視政策，這就使得大部分漢族知識份子難以在朝堂之上佔有一席之地，但趙孟是一個例外。

趙孟頫（1254年—1322年），字子昂，號松雪道人，浙江吳興（今浙江湖州）人，是宋太祖趙匡胤的第十一世孫，秦王趙德芳的嫡系後人。

南宋時，趙孟頫因父親的關係擔任真州司戶參軍，宋亡後，閑居在家。元至元二十三年（1286年），忽必烈派特使在江南搜訪遺逸。趙孟頫因才華出眾，被封為兵部郎中，後歷任濟南路總管府事、集賢直學士、江浙等處入學提舉等官職。卒後，他被追封為魏晉公，諡文敏。

趙孟頫自5歲起便開始學習詩文，直到死前一刻還在觀書寫字，他對書法的熱愛到了無以復加的程度，《元史·本傳》在提及他的書法時是這麼描述的："篆、籀、分、隸、真、行、草書無不冠絕古今。"趙孟對於繪畫也是一往情深，開創了元代新畫風，被譽為"元人冠冕"。而他不僅是書畫大家，同時對於經濟、金石、音律、道釋、篆刻、鑒賞都有涉獵，並取得了卓然的成績。

作為一位博學多才、仕途通暢、譽滿全國的人物，趙孟頫在巨大的光環下承載著常人難以想像的壓力。首先，他作為南宋遺逸出仕這一點，就遭到了眾多非議，後代的許多學者也因此以主觀的口吻連帶貶低他在藝術上的成就。其次，朝堂之上多為蒙古官員，種族歧視嚴重，他在政治上很難有所作為。看清這種尷尬的處境之後，趙孟頫只能潛心於文學藝術，希望在藝術的天地裡尋求心靈上的慰藉。

　　在這樣的情況下，趙孟頫成了元代文學藝術的引領者。北宋的"尚意"書法博大精深，但是南宋、金都沒有人領悟到其中的奧妙，整個書壇只是一味地臨摹效仿蘇軾、黃庭堅、米芾的書法作品，並形成了一種浮誇的風氣。元代的書法直接繼承了南宋和金的風格，但是宋末那種急功近利、拋卻古法的做法並不被人們認可。趙孟頫在探索的過程中敏銳地覺察到了這一點，也決心通過自己的力量完成書法上的改革。而實際上，縱觀整個元代，能夠做到這一點的也只有趙孟了，不僅因為他有顯赫的官職，也因為他在藝術上的全能性和卓越性，這兩點結合在一起便足以在當時掀起一場聲勢浩大的復古運動。

　　之所以將這場書法改革運動稱為"復古運動"，是因為趙孟頫為了從根本上改良這種不良風氣，提出學習書法應該遵循魏晉古法，並將研習"二王"的用筆之法視為必由之路。他強調"書法以用筆為上，而結字亦須用工。蓋結字因時相傳，用筆千古不易"。在趙孟頫看來，宋代的"尚意"書法建立在深厚的筆法基礎之上，只有用筆達到一定境界，才能夠追求"尚意"所提倡的"無意"，而這種"無意"實則源自魏晉古法的"有意"之中。而當時這種一味地講求"尚意"而無視古法的做法違背了書法的發展規律，所得的書法必定膚淺，難以立足。

　　值得一提的是，以魏晉書法為基點尋求革新的觀點並非趙孟頫的原創，而是出自宋高宗。宋高宗雖然昏庸懦弱，在文學藝術上卻頗有天賦，若非政局動盪，想必宋高宗早在南宋就已貫徹實施復古運動了。趙孟頫身為宋皇室後裔，對宋高宗的書法極為賞識，早期學行草時便以宋高宗的作品入手，在理論和實踐方面都深受其影響。

　　在趙孟頫的努力下，元代先後出現了一大批書法大家，其中有趙孟頫的朋友，也有他的弟子。他們風格不盡相同，取得的成就也有高有低，但他們全都秉承了趙孟頫的復古原則，從傳統魏晉書風中悟出專屬於自己的領域，從而給書壇帶來了一股典雅古樸的正能量。當時影響力較大的、能夠比肩趙孟頫的書法家有鮮於樞和鄧文原，三人曾一同在杭州共事長達十年。期間，三人興趣相投，常在一起探討、切磋書法。趙孟頫提出的復古運動得到了這兩人的熱切支持，並同心協力地加以推廣。鮮於樞由金入元，文學修養極高，書法以草書為最，在張旭、懷素的狂放上加入自己的理解，形成氣勢雄偉、恣意灑脫的風格。鄧文原亦是當朝大學者，在元初聲望頗高，他的章草書體過人，間有楷體筆意，極具創新精神。除元初的趙孟頫、鮮於樞、鄧文原三大書壇大家外，康裡巎巎、張雨、虞集等皆是這場復古運動的中堅力量。

需要說明的是，這場復古運動不僅催生了以趙孟頫為代表的趙氏書風，還使得元末一批隱居的書法家刻意尋求趙氏之外的書風，甚至不惜往怪誕、奇異的方向發展。

就個人書法而言，趙孟頫的成就更是驚人，以行草為代表。趙孟頫追尋古法，採納百家之長，但無論哪一種風格，他都以平和的態度接受，因而他的書法精深而不失靈動，妍美卻不致輕浮，俊逸中又滲透著骨勁，傳世行草有《蘭亭十一跋》《歸去來辭卷》等。

除了行草，趙孟頫的楷書亦享有極高聲譽，被稱為"趙體"。他的小楷結字嚴謹，筆法精勁，沉穩渾厚中略顯流美灑脫，代表作有《道德經》《洛神賦》等。他的大楷師法鍾繇、智永，與歐陽詢、顏真卿、柳公權並稱"楷書四大家"，作品有《玄妙觀重修三清殿記》《膽巴碑》《湖州妙嚴寺記》等。

趙孟頫在篆、隸、章草上的造詣雖不如行草、楷書，但這幾種書體在當時已經處於沒落狀態，趙孟頫鑽研各類各體的行為無疑

跋王羲之《時雪快晴帖》　趙孟頫

延續了這些書體的藝術價值，使後世的書法發展更為全面。並且在他的號召下，元代出現了一批以楊恒、周伯琦為代表的書法家，他們開始專攻一直備受冷落的篆、隸。趙孟頫對於書法的貢獻不止於此，他的書法理論著作也對後世影響深遠。學習趙氏書法的人極多，不僅整個元代以他的作品為摹本，明、清兩代也極為尊崇，甚至風行至朝鮮半島及日本、印度等國。據《元史·趙孟頫傳》記載："天竺有僧數萬里來，求其書，歸國中寶之。"

中華文化叢書：書法

第五編　明清書法

　　明代初期，帖學蔚然成風，書法審美趣味單調，最後發展成為千人一面的"台閣體"。明代中期，以祝允明、文徵明為代表的"吳門書派"異軍突起，他們師法晉唐，成為書壇主流。明代後期，書法成就最大的當數董其昌。

　　到了清代，碑學大興，書法風格一掃明代以帖學為主的風氣，審美風尚變得質樸雄強起來。清代的代表書法家有傅山、何紹基、鄧石如、趙之謙等。

一、明前期的"台閣體"與中期的"吳門書派"

1. "三宋""二沈"與"台閣體"

明代前期,書壇繼承元人書風,以"三宋""二沈"為代表的帖學書法家大行其道。其書法技法嫻熟,風格婉麗,迅速演變成為工整流美的"台閣體"書風。

"三宋"是指宋克、宋璲和宋廣。宋克(1327年—1387年),字仲溫,一字克溫,自號南宮生,長洲(今江蘇蘇州)人。宋克的書法初以趙孟為宗,後學鐘繇、王羲之。宋克工楷書、草書,尤善章草,上追"二王"及晉唐諸家,再上溯兩漢,其書法筆意圓融,風格清峭。

宋璲(1344年—1380年),字仲珩,浦江(今浙江浦江)人。宋璲是文學家宋濂的次子,自幼學書,四體皆共,尤善篆書,其篆書取法李斯、李陽冰。陶宗儀《書史會要》中評價其書法"大、小二篆純熟姿媚,行書亦有氣韻"。

宋廣(生卒年不詳),字昌裔,河南南陽人。宋廣的書法師法"二王",又摻入張旭、懷素筆意,筆法熟媚,體態遒麗。

"二沈"是指沈度、沈粲兄弟。沈度(1357年—1434年),字民則,號自樂,華亭(今上海松江)人。沈度的書法端雅秀潤,深受明成祖朱棣的喜歡。朱棣曾稱讚沈度為"我朝王羲之"。

沈粲(1379年—1453年),字民望,號簡庵。沈粲是沈度的弟弟,其書法受明初的宋璲、宋克影響較大,筆法圓熟,風格遒逸。

在皇帝的提倡下,明初帖學大興,加上當時科舉考試亦要求用端莊規範的楷書書寫,於是,"二沈"的書風極為流行。因而字體端莊、墨色光潔的"台閣體"書法盛行。

在漢代,"台閣"是尚書省的別稱,亦引申為官府。故"台閣體"最開始是指明代的官方書體,後泛指缺乏藝術情趣、千篇一律的書法。其雖然能得到當時統治者的喜歡,卻不能不說是書法藝術的厄運。

2. 明中期的"吳門書派"

"吳"即現在蘇州的別稱。"吳門書派",即是在明代中期以祝允明、文徵明為代表的書法家,以及包括他們的師友、子弟等在內的書法家。他們以蘇州為活動中心,在書法上善於取法晉唐,融匯古今,改變了明初以來單調低靡的書法審美,成為明代中期推動書法發展的主流,影響深遠。

在明景泰至明萬曆年間,"吳門書派"頗具實力和影響力,歷時長達百年之久。由此可見,"吳門書派"的崛起和興盛並非偶然。那麼"吳門書派"興起的原因和客觀條件是什麼?其代表書法家的書法成就及影響如何?"吳門書派"的發展歷程及其書史意義又是怎樣的?

"吳門書派"崛起的原因

明王朝建立後,統治者施行休養生息的政策,社會安定,人口增加,農民的負擔被大大緩解,農業生產得到恢復和發展。到中期時,明已是當時世界經濟最繁華的國家之一。

從明初起,江南一帶的手工業和商業的迅速發展,促進了經濟化和城市化的發展。在全國經濟發達的大背景下,太湖流域的優越地理條件使蘇州地區的農業生產和手工業生產愈加發達,其商品經濟和對外貿易更是得到飛速發展,商賈與富豪大量出現,明中後期甚至還出現了最早的資本主義萌芽。

明代唐寅曾作詩稱讚蘇州的繁盛和奢華:"翠袖三千樓上下,黃金百萬水西東。"明代王鏊編修的《姑蘇志》也曾描述當時蘇州的經濟發展狀況:"今天下財賦多仰於東南,而蘇為甲。"經濟繁榮使蘇州成為文人薈萃和商賈雲集之地,而這又直接刺激了蘇州書畫市場的活躍與繁榮。根據記載,向蘇州書畫名家沈周求字畫者常常"履滿戶外","販夫牧豎"向他求畫,他也從不拒絕,可見當時書畫市場之繁榮。而向名氣更大的文徵明求字的人也是"接踵於道,戶履常滿"。這種對書畫的珍視和尊重大大刺激了書畫家的創作激情和才情,同時使得周邊的書畫家也向蘇州聚攏,促進了藝術家進行交遊和探討。

經濟的發達為蘇州的文化和藝術的發展奠定了堅實的經濟基礎和物質條件。明中期的蘇州城,已變成了文風蔚然、藝術氣氛濃厚、文人雅士雲集的城市。

蘇州文化的興盛,是上層階級和下層民眾的文化素質與藝術修養共同提高和進步的結果,越到後來,文風越盛,形成了一個良性迴圈。明代王錡在《寓圃雜記·蘇學之盛》中指出:"吾蘇學宮制度宏壯,為天下第一。人才輩出,歲奪魁首,近來尤尚古文,非他郡所及。"據統計,在明代,蘇州一共出了兩百多名進士和十多名狀元,這在中國歷史上都是空前絕後的。繁榮活躍的文化環境使得人們的審美水準不斷上升,也使得書畫藝術創作處在相對良性的氛圍之中。

明王朝建立後,在文化和思想上,相當長的時期內還是被元代的復古思想所籠罩。於是,一些文人開始試圖擺脫這種復古思想的桎梏,社會上便形成了與之相對的浪漫思潮,一種追求自由、追求個性的風尚很快流行開來。當時,文人的普遍心態便是追求人格自由和個性解放,重建人生態度和理想價值。

到了明代中葉以後,這種思潮愈演愈烈,李贄更是這種浪漫思潮的中心人物。現代學者李澤厚在《美學三書》中認為:作為王陽明哲學的傑出繼承人,李贄反對一切傳統觀念束縛,排斥一切外在教條和道德做作。由於符合了時代要求,故而轟動一時。明代顧炎武在《日知錄》中曾說:"蓋自弘治、正德之際,天下之士,厭常喜新,風會之變,已有所自來。"由於思想上反對復古和尊古,那麼在文化藝術領域,則表現為一種合規律性的反抗思潮,藝術家主張求新求變,表現自我和個性。繪畫領域是這樣,在書法上更是要擺脫"台閣體"的籠罩和束縛,建立一種自由而率真的書法風氣。

"吳門書派"的代表書法家

元代趙孟頫打出了復古旗號,主張學書當學"二王",不向宋以來的書法家學習。但是元代"二王"真跡已經不復存在,書法家滿眼看到的均是唐人臨書的翻刻本，晉人風神俱無，留下的只是外面的模樣和輪廓，而其縱拓的用筆方法早已渺不可尋。所以，這種思想指導下的復古主義只是一種機械的摹古和仿古，寫出來的字大小一致，結體均衡，平穩工整，最受統治者和一般士大夫的喜歡，因此風靡朝野，全國蜂擁效仿。但是這種復古主義排斥個性，一直到明初依然大行其道，甚至將"二王"書法棄之一旁，只知趙孟頫，最後發展成千人一面的"台閣體"。所以，這種復古思潮只是一種對前朝書法的貧乏空洞的臨摹，寫出來的字形似神無，狀如運算元，與書法創造精神相去甚遠，甚至是南轅北轍。

面對這種危機，明中期後，一些有遠見的書法家開始對"台閣體"和複古主義書法思潮進行了反思和批判，李應禎便是之一。李應禎批評趙孟頫的字一味模仿"二王"，是"奴書"，並告誡自己的學生文徵明，說："就令學成王羲之，只是他人書耳。"李應禎的女婿祝允明在《書評》中也這樣評趙字：

"孟頫雖媚，猶可言也。"

當然，"吳門書派"的先驅者還有吳寬、沈周、王鏊等人，他們都能意識到當時書壇的狹隘和弊端，在呼籲書壇改革的同時，也能身體力行地進行新書風的實踐和探索，為吳門書法的崛起和興盛起到了表率作用，意義深遠。

祝允明（1460年—1527年），字希哲，又號枝山，出生在文化氣氛濃郁的蘇州，書香世家，他的外祖父徐有貞和岳父李應禎兩人都是當時有名的書法家。

徐有貞才華蓋世，學識淵博，祝允明便在外祖父的親自指導下學習書法。由於天資聰穎，加上良好的家庭教育，祝允明5歲的時候便能"作徑尺字，讀書一目數行"，而9歲"已能作詩，有奇語"。他自己也說道："絕其令學近時人書，目所接皆晉唐帖也……"由此可見，由於在童蒙時期滿目接觸的都是飄俊逸倫的晉唐法帖，因此在眼界和氣韻上，祝允明便已經高人一籌了。

青年時期，祝允明遍覽書籍，無所不讀，20多歲便為時人所重。成家後，祝允明的書法又得到他的岳父李應禎的指導，在求取功名之時，書藝亦有很大的長進。

中年時期，由於科舉道路上的失意，祝允明的人生觀也發生了變化，變得消極和超脫起來，常與唐寅、文徵明等人交遊，切磋書藝。他在這一時期的書法，更加精湛和古勁，並做了將宋元書法融入晉唐的嘗試，書法風格也呈現出不同的面貌。這時的祝允明，已以書名冠吳中。

後來，祝允明又經過了短暫的入仕經歷，便退隱鄉里。晚年時期的祝允明，多寫草書，其書不計點畫工拙，自然天成，任性恣情。此時的祝允明雖然隱居吳中，但仍書名遠播，成為"吳門書壇"的領袖人物。

縱觀祝允明一生的學書經歷，可以看出他不同階段的不同書法面貌。他幼承家學，直追晉唐，小楷學鐘繇、王羲之，其書嚴謹端莊，筆力穩健。中年時期，行草書融入宋人筆意，揮灑自由，意趣橫生。晚年的草書，更顯筆勢雄強、縱橫跌宕，達到爐火純青的地步。其草書傳世作品有《自書詩卷》《唐人詩卷》《杜甫秋興詩軸》等。

祝允明是"吳門書派"的主將，雖然其草書也有含蓄不足之弊，但是他開創了浪漫主義的書風，意義重大。

"吳門書派"的另一個代表人物就是文徵明。

文徵明（1470年—1559年），原名壁，字徵明，42歲起以字行，更字征仲，長洲（今江蘇蘇州）人。

文徵明幼年魯鈍，19歲考入長洲縣學生員，因為書法不佳被置於第三等，此後文徵明發憤練字，精研書法，直至90歲後一直揮毫不輟。

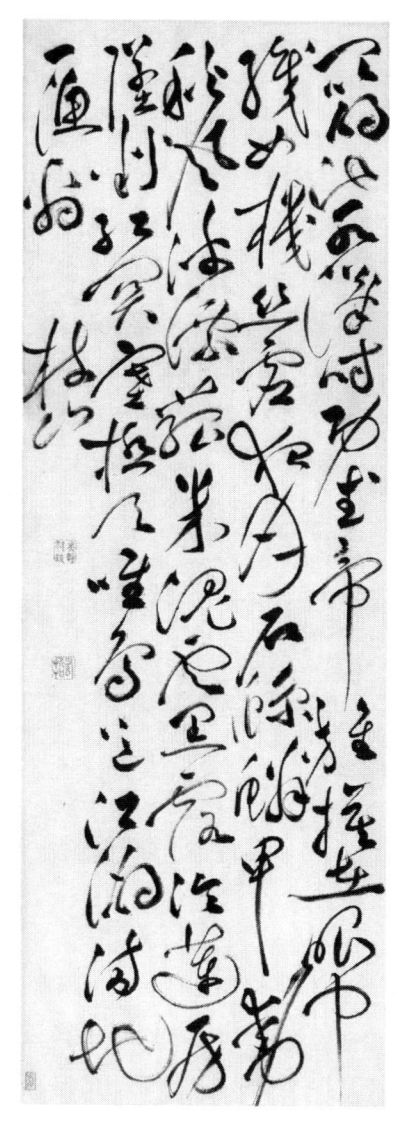

杜甫秋興詩軸

文徵明一生9次鄉試不第，遂寄情書畫，與祝允明、唐寅、徐禎卿交遊甚密，常交流書藝。雖在科場上極不得意，在書畫文藝上卻取得了卓越的成就。

文徵明書法各體俱善，但他的小楷、行書和草書最為人所稱道。文徵明的小楷先學智永，再追"二王"，最後自成一家，寫得清勁秀媚，文雅圓和，影響很大。傳世小楷作品有《醉翁亭記》《後赤壁賦》。

文徵明的行書作品也很多,如《紀行詩卷》《且適園後記》及《停雲館帖》卷十二所刻《西苑詩十首》等。文徵明的大行書也很多見,主要源自黃山谷的筆意,如《行書七言詩立軸》。

文徵明的草書成就亦極高,深得張旭、懷素精髓。如他 51 歲所作的《八月六日書事秋懷詩草書卷》,寫得縱橫密麗,堪稱神品。

總體來說,文徵明的書風偏向於端莊嫻雅,既重法度,也重意趣。但是由於他寫字過於認真,有些作品不免稍顯刻板。清代楊賓在《大瓢偶記》中評價道:"文待詔書雖極蒼老,然每失之拘謹。"

可是,瑕不掩瑜,文徵明的書法,浸潤各體,能入能出,老而愈蒼,他以自己的書法實踐使得"吳門書派"達到全盛,堪稱一代大師。

行書七言詩立軸

祝允明和文徵明的出現使得"吳門書派"達到巔峰,"吳門書派"的繼承者多為祝允明和文徵明的弟子,如陳淳、王寵、文彭、文嘉、王同祖、周天球等,他們繼承和發揚先人的衣缽,一時,吳門書法風靡整個蘇州,其影響從明弘治年間直至明萬曆年間。

陳淳(1483 年—1544 年,或 1482 年—1539 年),字道複,後更字複甫,號白陽、白陽山人、五湖田舍,長洲(今江蘇蘇州)人。善草書,其書法作品直抒胸臆。

明代王世貞在《藝苑卮言》中說道:"道複正書,初從文氏,欲取風韻,遂成媚側。行書出楊凝式、林藻,老筆縱橫可賞。"《跋陳淳武林帖》中亦寫道"吾蘇陳白陽先生,素以文翰自命,其豪暢之懷,跌宕之氣,每於吟詩作字中發之,詩步晉、唐,書則出入米、蔡,而時有幻態,蓋勾吳之宗匠也。"

草書扇面　陳淳

　　由此可見，陳淳書法最開始學習文徵明，後又學習楊凝式、米芾書法，並形成自己抑揚起伏、不拘一格的書法個性。

　　王寵（1494年—1533年），字履仁、履吉，號雅宜山人，吳縣（今屬江蘇蘇州）人。工行草、楷書，尤善小楷。王世貞在《吳中往哲像贊》中描述了王寵的學書經過："（王寵）楷書初摹虞世南、智永，行書法王獻之。"

　　王寵小楷沉靜古雅、氣息疏淡，傳世小楷作品有《游包山集》《滕王閣序》；其行草意態古拙、天真自然，代表作品有《石湖八絕句卷》《李白古風詩卷》。明代何良俊在《四友齋叢說》中對其書法成就有極高的評價："衡山之後，書法當以王雅宜為第一。蓋其書本於大令，兼之人品高曠，故神韻超逸，迥出諸人上。"

　　王寵在書法上取得了極高成就，但是其人生經歷卻頗為不順。王寵自幼喪母，後來參加了8次科舉考試，均沒有中第，而受他指導的人則紛紛考中了。仕途的失意讓王寵寄情書畫、放意山水，他與祝允明、文徵明並稱"吳門三家"。

　　除了陳淳、王寵外，文彭、文嘉、王同祖、周天球等人亦繼承"吳門書派"傳統，在書法上取得了一定成就。後來，由於有些吳門後輩只知學習先人的筆法，卻沒有學習先人的方法，離晉唐越來越遠，離古法也越來越遠，"吳門書派"的統治地位被後來居上的"華亭書派"取代，最後變得愈加衰微。

"吳門書派"的影響

"吳門書派"對明代書壇的作用是開拓性的。在明初,當時書壇的整體水準並不高,自從祝允明、文徵明出現後,晉唐法度才重新出現了。祝允明和文徵明在書法的取法上,上追晉唐,下涉宋元,打破了元代以來的復古主義的局限,也拋棄了"台閣體"刻板的書風,遍臨古帖而無任何偏見和束縛,博採眾長而自成一家,一掃元代以來的復古陋習,為明代中期的書法貫注了新的元素和精神,使得當時的書法走上了尚古而不摹古的創新之路,也使得一度被人棄之一旁的魏晉法度得以傳承。

"吳門書派"重新發揚了文人書法的傳統,避免了書法因復古主義和"台閣體"的影響而走向末路,為中國書法發展史抹上了濃重而絢麗的一筆,意義巨大,影響深遠。

"吳門書派"祝允明和文徵明的崛起,帶動了蘇州書壇的發展,使得當時的蘇州成為全國的書法活動中心。蘇州讀書人也紛紛仿效他們的書法,蘇州城甚至出現了"家家習書,人人作畫"的風尚,王世楨在《藝苑卮言》中也無不自豪地說:"天下書法歸吾吳。"

"吳門書派"弟子眾多,書風流傳久遠。祝允明活了67歲,文徵明活了90歲,都有大量的詩文、書畫手稿傳世,特別是文徵明,在漫長的書法創作生涯中,供人學習和觀摩的書法手稿不計其數,是寶貴的法帖遺產。同時,文徵明門徒眾多,如同過江之鯽,有籠罩江南之勢,如文彭、文嘉、文震孟、文震亨等,繼承了文徵明的筆法,書法成就都很傑出。

滕王閣序　王寵

"吳門書派"影響了董其昌。董其昌為祝允明和文徵明的後輩，但是在學書之初卻以祝允明和文徵明為參照和競爭對手。董其昌在《畫禪室隨筆》中說："凡三年，自謂逼古，不復以文徵仲、祝希哲置之眼角……"當然，以"吳門書派"為參考，也必須學其方法，而不是簡單地學其筆法，在這點上，董其昌就比"吳門書派"的後輩要聰明得多，他研究"吳門書派"的時候，更注意的是學習其創新和博采的方法。所以，有人說，沒有文徵明就沒有董其昌，而沒有"吳門書派"的先導和崛起，也就沒有以董其昌為領袖的"華亭書派"的後來居上。

　　"吳門書派"澤被後世，光照千秋。祝允明和文徵明既是吳中書壇領袖，也是中國書法史上不可多得的天才書法家，他們的成功之處在於直追晉唐，但是又不落前人窠臼，師法古人而能出新意，開創了獨具個性的書風書貌。後世書法家和學者除了取用和觀摩祝允明、文徵明的詩文墨蹟外，"吳門書派"力追古人、採納百家後自成一家的書學方法和敢於創新、勇於突破陳規陋習的書學精神更值得學習。

二、董其昌與晚明諸家

1.董其昌與帖學書法

　　一方面，帖學是指崇尚魏晉以下法帖的書法學派，其歷史悠久，由甲骨文、篆、隸、章草逐步發展而來。到了晉代，帖學趨近完備，有楷、行、草、篆、隸五體。後在王羲之的大力發展之下，帖學更是發展成為一個成熟體系。從書法審美角度來說，帖學追尋的是妍麗、流美、瀟灑、俊逸之風，因而備受文人墨者的青睞，清代以前的書法大家幾乎都在帖學中獲益匪淺。

　　另一方面，帖學也是研究考證法帖溯源、評定書跡真偽的一門學問，盛行於兩宋，並一直延續到明、清書壇。宋以前，學習書法皆以臨摹歷代墨蹟為主，不過由於古代科技水準的落後，墨寶不易保存。五代以後，為了解決這一問題，刻帖應運而生，官方、私人刻本比比皆是，眾多名家的書跡因而得以廣泛流傳，對書法界影響深遠。其中，北宋時期的《淳化密閣法帖》官刻叢帖尤為出名，被稱為"帖祖"。清代中葉之前，帖學佔據著中國書法界的主流地位。清代中葉之後，與帖學相對的碑學日益昌盛，帖學也自此沒落下去。

　　至明代隆慶、萬曆年間，盛極一時的"吳門書派"日漸衰敗，明末時更是為世人所遺忘殆盡。而此時的書壇，同宋代一樣，帖學之風風頭正盛，時人紛紛傳刻法帖，士大夫亦爭相臨摹，以期貼近勻稱工整的"台閣體"，讓仕途更加順暢。在這種風氣的影響下，這些所謂的書法家們用筆變得呆板且毫無特點，書法逐漸脫離了原來的帖學書法研習軌道，不再專注於筆下書法的藝術觀賞性。更加不幸的是，這些人不但不知反省，反而為自己的成就沾沾自喜，因而，此時的書壇看上去欣欣向榮，實則十分寂寥。後來出現的董其昌以一己之力扭轉了這種局面。他雖然同樣身在朝堂，卻沒有受到不良風氣的影響，一直以一顆虔誠的心對待帖學書法，提出了"古淡、閒適、輕鬆、淳雅"的主張。毫無疑問，董其昌代表了這個時代書法的最高成就，成為承接歷史、延續書法藝術的重要人物。

董其昌（1555年—1636年），字玄宰，號思白、香光居士，華亭（今上海松江）人。

明萬曆十七年（1589年）考取進士後便踏上了仕途,官至南京禮部尚書，卒後謚"文敏"。除政壇上的聲望，董其昌在書壇、畫壇亦名聲在外，在詩文、書法、繪畫，方面造詣頗深，對後人影響深遠。

董其昌的書法以行草最為出名。此外，他的楷書，尤其是小楷亦十分出色。在那個趙孟頫、文徵明書風盛行的時代，董其昌並沒有一味地追隨潮流，他融匯了唐、宋、元各大書法家的優點，而後自成一體，開創出空靈勁秀、自然飄逸的書風。細究之下，其用筆以正鋒為主，章法嚴謹，佈局疏朗有度，用墨枯濕相宜，將"六體""八法"鑽研得極為通透，可謂集古法之大成。

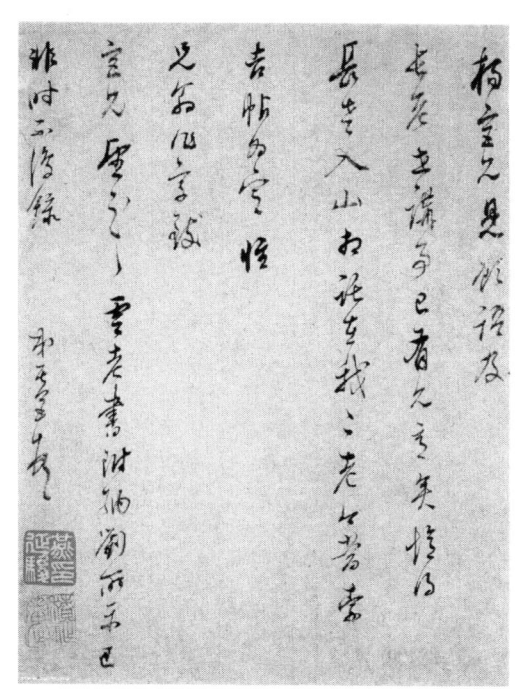

《明史·文苑傳》曾記載時人對於董其昌書法作品的狂熱情形——"尺素短箋，流布人間，爭購寶之"。至清代，世人對於董其昌書法的追捧又上了一個層次，這與康熙、乾隆兩位帝王關聯甚密。這兩位帝王皆愛好書法，不但以董其昌的書法理論為宗法,更是時常臨摹其書跡，並大力推崇。康熙帝曾評價："董其昌的書法天資迥異，將高秀圓潤發揮到了極致，這一點令其他書法家難以望其項背。常於不經意處顯露出別樣的風韻神采，

草書手箋董其昌

好似清風微拂，漫捲雲舒的景致，頗得天然之趣。"如此一來，董風盛行，滿朝臣子皆習董書，意欲登上仕途的文人學子亦苦練董書，書壇呈現出唯董獨尊的情形。

出人意料的是，據董其昌在《畫禪室隨筆》中記述，他當初走上書法之路純屬偶然。17歲參加會考時，董其昌以其卓越的文筆令閱卷的松江知府大為驚歎。但是，當時董其昌的字實在差強人意，知府考慮一番後，將其從第一改為第二，而將其堂侄董源列為第一。得知這件事的前因後果之後，董其昌大受刺激，決意苦練書法。他初師法顏真卿，又改學虞世南。在見識到魏晉書法的精妙後，他遂臨摹王羲之的《黃庭經》及鐘繇的《宣示表》《力命表》

《還示帖》《丙舍帖》。此後3年，其皆以"復古"為主，從"鐘王"到顏真卿、虞世南、柳宗元，從懷素到楊凝式、米芾，再到趙孟頫，無一遺漏。這種臨仿古人、以古人為師的做法，直到董其昌生命結束的前一刻都沒有停止，也正是這種做法使得他遍汲諸家之長，在書畫上成就斐然。當然，以古人為師並不意味著機械地模仿，而是重在臨摹之間懂得取捨，並以自己的理解融匯其中，達到了揮灑自如的境界。

如果說《黃庭經》讓董其昌見識到了魏晉書法的精妙，那麼《蘭亭序》更是堆砌起了董其昌書法的精氣。43歲時，董其昌在好友處見到了隋開皇年間的《蘭亭序》刻本，他提筆寫了題跋，其中有這樣一句，大概意思是："我何德何能，竟然遇上了這樣的奇寶！"他的欣喜是發自內心的，其後他流連於王羲之構造出的水墨世界之中，品味到了無上的樂趣。

正是這種全身心沉浸於書法的態度，註定了董其昌的成就，可以說，董其昌是中國最後一位將帖學書法發揮到極致的書法家，也是最後一位二王的傳承者。其影響深遠，追隨者不計其數，帖學書法也因此發揚光大。清初的一些遺民書畫家如查士標、沈荃、"八大山人"等，雖然各有發展，但最初皆是通過學習董其昌的書跡而走進了書法的世界，並因此夯實了較穩固的根基。

整體觀來，董其昌的書風可大致分為三個階段：50歲之前，以"二王"、懷素書風為主，逐步探索；50歲到70歲這個時期，博採眾長，傾向於懷素、顏真卿、米芾，且初顯個人特色；70歲之後，融會貫通，自成一派，以平淡的風味創造出非凡的意境。

行楷作品《正陽門關侯廟碑》創作於 38 歲，當時董其昌的書法仍舊處於研習階段，以李邕的碑書為主法，又摻雜了王羲之、顏真卿的用筆之道。其字形端莊規整，筆法稍顯拙態，鋒芒外露。30 年後，書法臻於成熟的董其昌在看到這卷碑文後頗為感慨，用一段行書在卷後做了標識，其字體疏密有致，結體森然，天真爽朗，淡雅秀美。在這兩個時期的書跡對比之下，可見董其昌晚年的書法成就愈加突出，書風的變化也愈加明顯。

　　《月賦》作於 47 歲，以行書為主，亦行亦草，轉換自如，別有一番風味。自古以來，月亮便是靈感的源泉，無數文人墨客為其作了大量精美的詩文。南朝宋文學家謝莊嘔心之作《月賦》更是其中的上品。相傳宋孝武帝見到這篇賦詞後感歎良久，稱其"前不見古人，後不見來者"。而董其昌不但對此賦不吝讚美，更是在忘我的狀態中完成了《月賦》的"新生"。其行筆之從容淡定，其意境之清冷幽遠，其氣勢之連貫延綿，其用筆之輕盈靈動，世所罕見，與《月賦》的內容相互浸淫，相映生輝。而董其昌本人對此也是喜不自禁，罕見地在落款上引用了前人的一句"書家合一"作為自我評價。

　　《東方先生畫贊碑》是董其昌中年時期的楷書代表作。當時董其昌 52 歲，不久前才因被迫辭去湖廣提學副使而賦閑於家。此碑原為顏真卿寫就，董其昌師法顏真卿而別具新意。其落筆果決堅毅，用筆蒼勁雄健，意境高遠幽深，獲清代收藏家裴景福"雲鶴遊天，群鴻戲海"的稱讚。

　　《龍神感應記》以董其昌最為得意的楷書寫就，且書風之嚴謹不同往日，是不可多得的精品。明天啟元年（1621 年），之前任首輔大臣時因多次直言陳述時政得失而被迫辭官的葉向高得以復出。這年九月，在他北上就任的途中，黃河因接連下雨而水位暴漲，清口（黃河、淮河、運河的交匯處）處也堆積著淤泥，阻擋了葉向高乘坐的船隻。就在葉向高對此無可奈何之際，當地鄉民向他進言說此地的龍神極靈，若設位祭祀，當是有求必應。

　　葉向高對於神靈之事一向持懷疑態度，只是當下也沒有別的辦法，只得姑且一試。讓他頗為震驚的是，祭祀剛開始便有一人被龍神附體，明說葉向高一行人明日便可動身。到了第二天清晨，清口果然水漲，船隻在水上飛速前行，葉向高得以脫困。後來，葉向高有感於此，撰文記下這件事，並請董其昌書寫。而董其昌自明萬曆二十六年（1598 年）被排擠出朝廷後，一直處於閑居狀態，但十分清楚朝堂之上的變遷，渴望早日為朝廷效力。此時複任的葉向高請求書寫文稿，給了等待中的董其昌一個絕好的機會，他自是全力以赴。事後不久，董其昌便接到了回京的號令，不知是由於那龍神再次顯靈，還是由於葉向高的舉薦。

《觀海市》為董其昌以"米家"書法寫就的作品。明天啟四年（1624 年），時任登州巡撫的袁可立在即將離任之時於登州公署中看到了難得一見的海市蜃樓。激動之下，袁可立詩興大發，一揮而就，在蓬萊閣上留下了千古傳誦的名作《觀海市》，並請來好友董其昌書寫。董其昌的書法向來汲取米芾的書法之長，以溫潤俊美、灑脫飄逸著稱。此作更是將這一特點發揮得淋漓盡致、出神入化。董其昌本人曾這樣說，這件作品比之東坡"猶不欲讓"。後世的書法家也多駐足於此，久久觀望。

《三世誥命》寫於董其昌 71 歲——自言"通會之際，人書俱老"。然而，愈老，他的書法愈加精到，愈加爐火純青。《三世誥命》內容為董其昌祖父母、父母和董其昌夫婦的三代誥命。這一年，皇帝授予誥命，即對臣屬進行封贈，董其昌亦在此列。因誥命為皇帝所授，代表著極大的榮耀，故董其昌以極其恭敬的態度用正楷書寫，其筆法之端正，結體之端莊，章法之森嚴，皆體現了這一點。然而，在這種恭敬森穆的氛圍中，又不失靈動、秀美，使得通篇洋溢著一絲延綿不絕的生氣，將董其昌追求書法的完美性體現得淋漓盡致。從此篇中，我們亦不難看出前人書跡的蹤影，藝術源於傳承，關鍵在於創新，最偉大的藝術家往往是那些將傳承與創新完美地融合在一起的人，董其昌做到了這一點。

2. 晚明時期的其他書法家

徐渭

徐渭（1521 年—1593 年），初字文清，後改字文長，號天池山人，有青藤道人、青藤居士等別署，紹興府山陰（今浙江紹興）人。徐渭性格狂放，但一生命運坎坷，民間有很多關於徐渭的傳說，表達了勞動人民對這位"狂士"的同情與尊敬。

徐渭擅長狂草，其草書用筆狼藉、氣勢磅礴，一般人很難接受其縱橫恣肆的書風，但徐渭對自己的書法頗為自負，他認為自己"書法第一，詩第二，文第三，畫第四"。

徐渭的書法、繪畫藝術皆直抒胸臆，是我國藝術史上一位特立獨行的人物，他對書法藝術的貢獻在於"破"，也在於"立"。如果說董其昌創立了新的墨法，那麼徐渭則創立了新的筆法。同時，徐渭還創立了新的章法。在他之前，書法藝術屬於文人文房中的雅玩之物，多為精緻、呈橫式的卷冊翰簡，而徐渭則將目光從文房投向空間更大的廳堂，他的作品多為高頭大軸的中堂行草書，讓觀者耳目一新。

可以說，徐渭是天縱奇才，他開拓了晚明"尚態"書風，大刀闊斧地給原本溫文爾雅的中國書法史抹上了濃墨重彩的一筆。後人對徐渭的書法成就評價極高，明代文學家陶望齡評價其書法"稱為奇絕，謂有明一人"。明代文學家袁宏道則這樣說道："予不能書，而謬謂文長書決在王雅宜、文征仲之上，不論書法而論書神，先生者誠八法之散聖，字林之俠客矣！"

黃道周

黃道周（1585年—1646年），字幼玄，又字幼平、幼元，號石齋，福建漳浦銅山（現福建東山銅陵）人。自幼聰穎好學，11歲便寫得一手好文章。

黃道周為人忠耿，敢於直言，個性剛勁倔強。明崇禎年間，大學士錢龍錫因為袁崇煥一案而受到牽連，並被定為死罪。錢龍錫雖蒙受冤屈，但滿朝文武卻無人敢站出來為其申辯，只有黃道週一人為其憤憤不平，並冒著殺頭的危險向崇禎皇帝上書："今殺累輔，徒有損於國。"由於黃道周的堅持，錢龍錫才得以免死。明亡後，黃道周招募軍士抗清，後兵敗被俘，從容就義。

黃道周善楷、行草諸體，又工隸書。其楷書字體方整近扁，筆法健勁，風格古拙質樸，代表作有《孝經卷》《張溥墓誌銘》；其行草體勢方整、奇崛剛勁，雖然取法"二王"，但又另闢蹊徑，不但沒有柔弱之弊，反而呈現出一種剛健雄放的美感，一如其剛直不阿的個性，代表作有《贈蕨仲兄聞警出山詩軸》《聞奴警出山詩軸》等。

張瑞圖

張瑞圖（1570年—1644年），字長公、無畫，號二水、果亭山人等。

張瑞圖出身貧寒，但少年便有鴻鵠之志。稍長，他一邊教書謀生，一邊參加科舉。他的妻子王氏以紡織所得的微薄收入來支持張瑞圖求學。一次，張瑞圖回家看到王氏吃大麥粥，便下定決心：他日我一定要出人頭地，不能讓妻子再跟著我吃苦了！明萬曆三十五年（1607年），張瑞圖金榜題名，中得探花，後來官至大學士。但因為曾經手書魏忠賢生祠碑文，在魏忠賢倒臺後被定罪罷為庶民。

張瑞圖擅長楷書、行草。其書法筆法峻峭放縱，結體狂怪，取法"二王"但別開生面，呈現了一種奇異乖張的個性。張瑞圖與董其昌、邢侗、米萬鐘一起，被稱為"晚明四大家"。

清代梁巘在《評書帖》這樣評價道："張瑞圖得執筆法，用力勁健，然一意橫撐，少含蓄靜穆之意，其品不貴。瑞圖行書初學孫過庭《書譜》，後學東坡草書《醉翁亭》，明季書學競尚柔媚，王(王鐸)、張（張瑞圖）二家力矯積習，獨

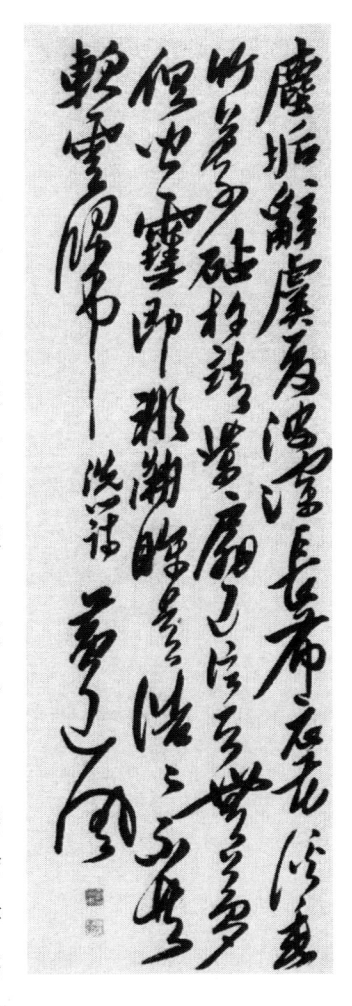

行書洗心詩　黃道周

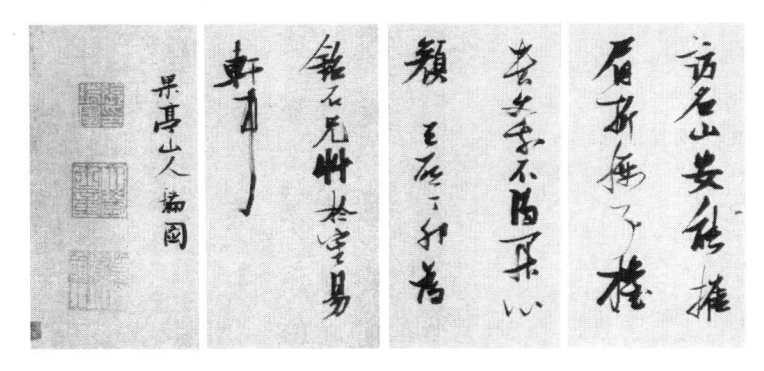

李白夢遊天姥吟留別詩冊（局部）　張瑞圖

標氣骨，雖未入神，自是不朽。"近代書法家沙孟海先生在《近三百年的書學》中對張瑞圖的書法亦給予極高評價："明季書學極盛，除祝允明、文徵明年輩較早，非本篇所能說及的外，余如張瑞圖、孫克弘等，並不在董其昌下。"

倪元璐

倪元璐（1593年—1644年），字汝玉，一作玉汝，號鴻寶，浙江上虞人。

倪元璐最開始學習王羲之、顏真卿和蘇軾三人的書法，在學習古人的同時，他亦求新求變，力圖自出新意。倪元璐學王字，卻能跳出其樊籠，將王字中的方筆變成圓筆；學顏字，卻能將"飛白""渴筆"等技法摻入"屋漏痕"筆法中；學蘇字，卻能反其道而行之，將字的結構拉長。

黃道周曾在《書秦華玉鐫諸楷法後》寫道："同年中倪鴻寶筆法深古，遂能兼撮子瞻、逸少之長，如劍客龍天，時成花女，要非時妝所貌，過數十年亦與王蘇並寶當世但恐鄙屑不為之耳。"正由於善於學習亦善於變化，倪元璐才能成為晚明諸家中一位獨具個性的書法巨匠。

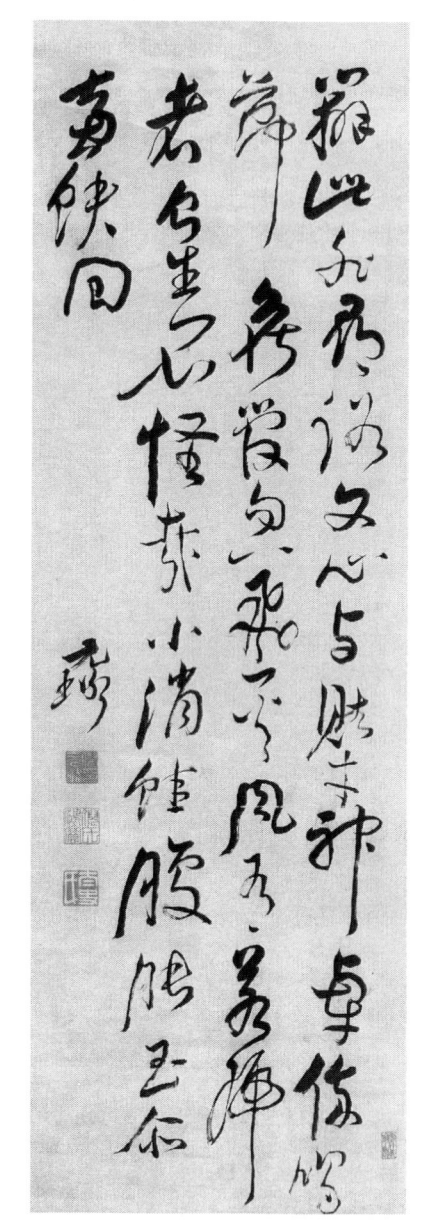

草書條幅　倪元璐

三、清初的王鐸、傅山書法

1. 王鐸

　　王鐸(1592年—1652年)，字覺斯，又字覺之，孟津（今河南孟津）人。王鐸出身貧寒，有時候甚至"不能一日兩粥"。1622年，王鐸考中進士，同榜考中的還有黃道周、倪元璐。

　　王鐸小時候學書法是從《聖教序》開始的。他曾自己說道："《淳化》《聖教》《褚蘭亭》，予寢處焉！"後來，王鐸供奉翰林院，得以有機會遍覽歷代名家墨蹟，於是書藝大進。

　　概言之，王鐸的書法得力於王羲之、王獻之、顏真卿、米芾等人，其楷書筆力雄健、高古樸厚，行草飛騰跳躑、遒勁灑脫、講究佈局。在書法上，王鐸與董其昌齊名，有"南董北王"之稱。

　　王鐸書藝高超，世人稱其為"神筆王鐸"。據說有這樣一個故事：皇帝知道王鐸書法精妙，便讓他書寫一幅匾額：天下太平。王鐸用楷書寫好後，在大家的一片讚揚聲中，匾額被掛上了。忽然，一個太監說道："哎呀，太字少了一點。"眾人仔細一看，果真如此，只見"太"字寫成了"大"字。皇帝正待發問，只見王鐸笑吟吟地拿起毛筆，將筆蘸滿墨汁後，又用力將其向匾上擲去。只見毛筆不歪不斜，恰好點在"大"字左下方。於是，一個灑脫大氣、淋漓痛快的"太"字展示在大家眼前。"真是神了！"大家都齊聲喝彩起來。皇帝也脫口讚歎道："王愛卿真乃神筆也。"從此以後，"神筆王鐸"的美名便天下皆知了。

　　王鐸的傳世墨蹟較多，對後世影響極大，其書法在日本、韓國、新加坡等

跋米芾《行書三箚卷》　王鐸

國深受歡迎。晚清民國時期畫家吳昌碩評之書法曰："文安健筆蟠蛟璃，有明書法推第一。"沙孟海曾稱讚其書法："(王鐸)一生吃著"二王"法帖，天分又高，功力又深，結果居然能得其正傳，矯正趙孟頫、董其昌的末流之失，在於明季，可說是書學界的'中興之主'。"中國當代著名書畫家啟功先生也贊道："覺斯筆力能扛鼎，五百年來無此君。"

王鐸的書法能得到如此高的評價，與他的勤奮努力是分不開的。據說，向王鐸求字的人很多，但是他堅持一天臨帖，一天應別人的索求，從不間斷。

王鐸的不少書法作品被人刻石，其中最有名的是《擬山園帖》和《琅華館帖》。據說，他的《擬山園帖》傳入日本後曾引起轟動，日本藝術家把王鐸列為第一流的書法家，還認為"後王（王鐸）勝先王（王羲之）"。關於《擬山園帖》，據說是王鐸晚年的心血之作。他曾這樣囑咐兒孫："我一生並沒有什麼大的成就，也沒有什麼值錢的東西傳給你們。待我死後，你們去找些工人將這些作品刻石，傳留後世。倘若子孫後代有衣食不足的時候，便可將這些字做成拓片，用來補貼生活。"現在，這些刻石已經被保護了起來。

2. 傅山

傅山（1607 年－1684 年），初字青竹，後改字青主，別號真山、濁翁、石人等，山西太原人。

傅山出生於書香之家，幼時便博覽群書。明亡後，傅山不服從清廷剃髮的命令，便出家為道。因常穿紅色道袍，便自號"朱衣道人"。當時，全國掀起了反清的浪潮，傅山亦秘密從事反清復明活動。

1679年，康熙帝詔令天下，令官員推薦博學者參加科考。傅山本稱病不應試，但陽曲知縣戴夢熊命人強行用床抬著73歲的傅山進京。到了離京城三十里的地方，傅山堅決不入城，亦不參加考試。康熙帝知道後，讓其免試，還特封他為"中書舍人"。傅山並不接受這一封號，也不謝恩。很多老百姓都被傅山的氣節所感動，他們在傅山離京那天前來為他送行，由於人數太多，竟然將路都堵塞了。

傅山節操高尚，其書風亦不落俗套。明末時，書壇推崇董其昌、趙孟頫的書法，受時風影響，傅山初期也學趙孟頫，後來又轉學顏真卿書法。明亡後，他不喜趙孟頫的為人，遂惡其書，並從趙書中看到奴顏婢骨。傅山在《霜紅龕集》中寫道："予不極喜趙子昂，薄其人而遂惡其書，近細視之，亦無可厚非，熟媚綽約自是賤態，潤秀圓轉尚屬正脈，蓋自《蘭亭》內稍變而至此，與時高下亦由氣運，不獨文章然也。"

對於自己的學書經歷，傅山曾做過這樣的總結："年輕時，我學書法取法晉唐，但總不能得其三昧。後來，我又學習趙孟頫、董其昌書法，不費什麼力氣便學得很像了。這段經歷讓我悟到一個道理，學正人君子難，而學淺薄之人則很容易。"

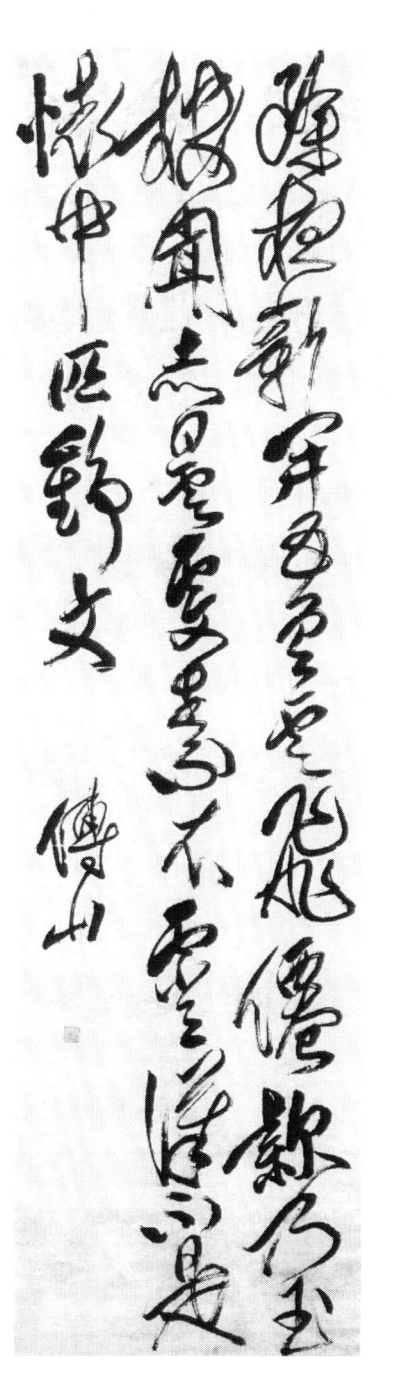

行草七言詩軸　傅山

為矯趙、董柔媚書風之弊，傅山提出"甯拙毋巧，甯醜毋媚，甯支離毋輕滑，甯真率毋安排"的書學思想。他認為：書法風格寧可追求古拙，不要去追求華巧；寧可醜陋，不要媚俗；寧可鬆散參差，不要輕巧光滑；寧可直抒胸臆，無所顧慮，不要刻意安排。"四甯四毋"的審美原則對後世影響深遠。

在傅山之後，清代劉熙載在《藝概》中又提出："怪石以醜為美，醜到極處，便是美到極處。"由此可以看出，其實"美""醜"是相對的，任何藝術品並無絕對的"美""醜"概念。受到傅山思想的影響，康有為亦扛起尊碑大旗，他的著作《廣藝舟雙楫》傳播了"抑帖揚碑，卑唐尊魏"的書學主張,也打破了千百年來晉唐書風對書壇的禁錮。

傅山以小楷、行草名世。其小楷點畫工整，樸實古拙，直追鐘王，其行草連綿飛動，縱逸奇宕，表現了樸拙遒美的躍動之感。

現代書法家鄧散木在《臨池偶得》中曾這樣評價道："傅山的小楷最精，極為古拙，然不多作，一般多以草書應人求索，但他的草書也沒有一點塵俗氣，外表飄逸，內涵倔強，正像他的為人。"

四、別開生面的清中後期書法

1. 畫家書法

朱耷

朱耷（1626年—1705年），字雪個，號八大山人、個山、驢屋等，江西南昌人。為明皇室後裔，明亡後削髮為僧，能詩文，尤擅書畫。

朱耷學習書法，最開始取法歐陽詢楷書，後學董其昌、黃庭堅行草書法，並參以《瘞鶴銘》的用筆之意。後來，他用篆書筆法來寫行草，並形成自己圓潤簡練的風格。到晚年時，他更喜歡用禿筆來寫書法，其作品亦呈現出一種渾圓樸茂的個人風格。除了擅長行草外，朱耷亦工小楷，他的小楷書法取法鍾繇、王羲之，亦受王寵小楷的影響，格調沉靜古雅。

從朱耷存世作品來看，其前期書法用筆方硬，結構怪誕，後期書法則單純圓融，少有提按，似乎忘記了用筆技法，這也反映了朱耷晚年超越的心態。

草書耿湋舊宅清源寺詩軸　朱耷

石濤

石濤（1642年—約1707年），原名朱若極，字石濤，號大滌子、小乘客、清湘遺、苦瓜和尚等，廣西桂林人。石濤本為明皇室後裔，明亡後削髮為僧，法名原濟，一作元濟。石濤工書擅畫，亦能詩文。

石濤的書法取法廣博，最開始學顏真卿，後受董其昌、蘇軾、黃庭堅的影響較大。石濤的書法創作不拘一格，寫行楷時融入隸書筆意，寫隸書時又摻入篆書體態，有時還將畫法摻入書法創作中，因此其書法非隸非楷，非行非草，個人特色極為突出。

金農

金農（1687年—1763年），字壽門、司農、吉金，號冬心先生、稽留山民、曲江外史、昔耶居士等，錢塘（今浙江杭州）人。

金農終身不仕，為"揚州八怪"之一，歷經康熙、雍正、乾隆三朝，因此自稱為"三朝老民"。金農好古嗜學，亦好遊歷，工書擅畫，亦能詩文。金農書法諸體皆能，尤擅楷書、隸書和行草。其早期書法取法《華山碑》《夏承碑》《乙瑛碑》，後又取法《禪國山碑》《穀朗碑》和《天發神讖碑》。金農作書時喜用扁平的毛筆，並蘸濃墨書寫，用筆時不使用轉筆法，其字非楷非隸，豎輕橫重，極具個性，人稱"漆書"。粗看金農書法，體態粗俗，章法簡單，與晉唐名家精妙的書法風格相差甚遠，但細品之下，其書法卻呈現了一種規整樸茂的氣勢和率意天真的金石韻味。

當時，帖學書法一統天下，書壇上流行"烏、光、亮"的"台閣體"，金農拙樸厚重的書法風格顯得與主流書風格格不入，但正是這種勇於創新、離經叛道的精神最為可貴，也為後世書法的發展提供了參考、借鑒。

鄭燮

鄭燮（1693年—1765年），字克柔，號理庵，又號板橋，江蘇興化人。

鄭燮為康熙秀才、雍正舉人、乾隆進士，後辭官來到揚州，以賣畫鬻字為生。鄭燮擅長詩文、書畫，是"揚州八怪"之一。對於學書經歷，鄭燮曾自述"學詩不成，而去學寫，學寫不成，而去學畫……字學漢魏，崔蔡鐘繇，古碑斷碣，刻意搜求。"

鄭燮的書法和其繪畫一樣，也呈現出"狂怪"的個性，其書法似楷似隸，別具一格，自稱"六分半書"。關於"六分半書"，清代曾衍東在《小豆棚·雜記》中說道："隸草相雜，號'六分半書'。觀者謂其創，而實則因鐘繇碑而廣，唐時已有草隸之說，此類是也。"

清代蔣寶齡在《墨林今話》中亦這樣認為："書隸楷參半，自稱'六分半書'，極瘦硬之致，亦間以畫法行之。"鄭燮書法的另一個特點正是將畫意摻入書作之中。他的書法作品常能見到撇蘭畫竹之筆，不僅如此，其畫作的書法題跋亦大小參差、錯落有致，看起來頗有畫意。不過，對於鄭燮的書法創新，後世書法家卻有不同意見。有人認為其書法逞才使氣，個性外露，無古典書法所特有的含蓄、蘊藉之美。

行書桃花源記　鄭燮

2. 鄧篆伊隸

鄧石如

鄧石如(1743 年—1805 年)，初名琰，字石如，後更字頑伯，號完白山人、笈游道人、鳳水漁長、龍山樵長，安徽懷寧人。

鄧石如相貌奇偉，頷有美髯，性格忠耿，且為人淡泊，不慕浮華。他為人自有傲骨，其書法亦不隨俗流，自有格調。

當時，京師以內閣學士翁方綱為書壇領袖，名氣極大，但翁方綱為人驕横，為鄧石如所不喜。所以，當鄧石如來到京師時，並不去拜謁翁方綱。當然，翁方綱對鄧石如這個布衣出身的人並不放在眼裡，對其書法亦頗多貶抑之詞，但是鄧石如對此不以為意。

　　鄧石如家中餵養了一雄一雌兩隻鶴，據說這兩隻鶴都有百多歲。後來，雌鶴死了，十幾天後，鄧石如的妻子沈氏也撒手而去。鄧石如傷心不已，便將雄鶴送往集賢關寺廟寄養。每個月，鄧石如都往返三十裡地給白鶴送糧食。安慶知府見此鶴頗通人性，便強行將鶴帶走了。鄧石如憤憤不平地給知府寫了一封《陳寄鶴書》，要求知府將鶴送還。這篇文章寫得哀婉感人，知府見狀，只好令人將鶴送了回來。鄧石如去世時，那只鶴髮出陣陣哀鳴之聲。

　　鄧石如出身貧寒，後靠賣字鬻印為生。9歲時，他跟隨父親讀了1年書，後來輟學，在謀生之餘亦堅持自學。20歲時，他已頗有才名。後來，他來到江甯梅鏐家，看到多種金石善本，眼界大開。於是，他花5年時間學習篆隸之法，最開始研習李斯、李陽冰。後來，他又在《禪國山碑》《三公山碑》《天發神讖碑》等碑刻上面花了許多時間。

　　鄧石如的書法諸體皆擅，其篆書更為時人所重。鄧石如嘗試以寫隸書的方法來寫篆書，豐富了篆書的用筆方法，為後人寫篆書開闢了一個新思路。其篆書體態不同於傳統篆書作品，字體微方，顯得古雅方勁。其楷書從六朝碑刻中汲取營養，並摻入歐陽詢父子書法筆意，結字緊

篆書條屏　鄧石如

湊，多用方筆，書風淩厲果敢。其隸書魄力雄強，氣勢磅礴，極具個性。其行草取法晉唐，筆力沉雄遲澀，意境開闊。概言之，四體書法中，鄧石如的篆書造詣最深，楷、行、草次之。

在鄧石如生活的時代，人們對他的書法藝術評價很高，認為他的書法"四體皆精，國朝第一"。清代趙之謙這樣評價道："國朝人書以山人為第一，山人以隸書為第一；山人篆書筆筆從隸書出，其自謂不及少溫當在此，然此正自越少溫，善易者不言易，作詩必是詩，定知非詩人，皆一理。"沙孟海在《近三百年的書學》中，亦給予極高評價："清代書人，公推為卓然大家的，不是東閣學士劉墉，也不是內閣學士翁方綱，偏偏是那位藤杖芒鞋的鄧石如。"

伊秉綬

伊秉綬（1754年—1815年），字祖似，號墨卿，晚號默庵，福建汀州人，故時人稱其為"伊汀州"。清乾隆五十四年（1789年），伊秉綬考中進士，歷任刑部主事、員外郎，後又任惠州知府、揚州知府。為官期間，有"廉吏善政"的稱譽，是一代名吏。

伊秉綬能書擅畫，兼工治印，其隸書個性突出，最為人所稱道。伊秉綬的隸書取法《張遷碑》《衡方碑》，擺脫了漢隸的"蠶頭燕尾"的痼習，筆劃粗壯平直，風格圓潤率直，具有極強的裝飾美感。與鄧石如的篆書並稱為"鄧篆伊隸"。

後世書法家亦對其書法藝術有極高評價。清代何紹基作《東洲草堂詩抄》贊道："丈人八分出二篆，使墨如漆楮如簡。行草亦無唐後法，懸崖溜雨弛荒蘚。不將俗書薄文清，覷破天真關道眼。"康有為《廣藝舟雙楫》中寫道："汀州精於八分，以其八分為真書，師仿《吊比干文》，瘦勁獨絕。懷甯一老，實丁斯會。既以集篆、隸之大成，其隸、楷專法六朝之碑，古茂渾樸，實與汀州分分、隸之治而啟碑法之門。開山作祖，允推二子。"沙孟海亦稱讚道："伊秉綬是隸書正

白雲幽賞聯　伊秉綬

宗，康有為說他集分書之大成，很對。其實，他的作品無體不佳，落筆就和別人分出仙凡的境界。"

3. 帖學四家

劉墉

劉墉（1719年—1804年），字崇如，號石庵，山東高密人。劉墉時稱"劉羅鍋"，他為官清廉，民間有很多關於他的傳說。

劉墉最開始是學趙孟頫、董其昌的書法，中年後，他遍臨諸帖，並形成墨色濃重、用筆肥拙、體勢舒緩的個人風格，被人稱為"濃墨宰相"。細看劉墉的書法，似團團棉花，實處筆劃精到，筆力內斂，如綿裡裹鐵。

梁同書

梁同書（1723年—1815年），字元穎，號山舟，晚年自署不翁、新吾長，錢塘人。

梁同書於書法，初學顏真卿、柳公權，後留戀宋代"尚意"書風，書法亦兼有蘇軾之豐勁、米芾之清冽。梁同書善行草，其書名遠播，連日本天皇都派人來求其書法作品。觀其書作，筆法純熟，體態灑脫，書風直逼古人，但個人風格不甚突出。

王文治

王文治（1730年—1802年），字禹卿，號夢樓，江蘇丹徒人。

王文治於書法，初學米芾，後因學董其昌而用力尤深，用筆乾淨俐落，墨色淡雅，表現出一種瀟疏秀逸的韻致，時人稱其為"淡墨探花"。清乾隆二十一年（1756年），王文治隨全魁、周煌出使琉球。琉球人見了王文治的書法後，非常喜歡，紛紛求購，現在日本很多博物館都藏有王文治的書作。

行書橫幅　王文治

翁方綱

翁方綱（1733年—1818年），字正三，一字忠敘，號覃溪，晚號蘇齋，直隸大興（今屬北京）人。

翁方綱初學書法時，以唐楷為宗，特別在歐陽詢、顏真卿和虞世南三人身上下了極大的功夫。其行書主要學習米芾、董其昌及顏真卿。

包世臣《藝舟雙楫》記載了這樣一個故事。清乾隆年間，時人都認為劉墉、翁方綱的書法最好。翁方綱的女婿戈先舟學士，亦是劉墉的弟子，他曾拿著老師的書法強向岳父請教。翁方綱問他："你問你師傅，他的書法哪一筆是學古人的？"戈先舟便將這句話轉告給他的老師。劉墉則說道："我只寫我自己罷了。你問下你的岳父，他的書法哪一筆是他自己的呢？"從這則故事可以看出，翁方綱在臨古上是下了大功夫的。不過，他在書法上主張"與古為徒"，卻缺乏創新精神。清代方濬頤在《夢園叢說》中評述道："翁覃溪先生能於一粒芝麻上寫'天下太平'四字。"但翁方綱只是在技巧上下功夫，而始終墨守前人成規，不求創新。包世臣評翁方綱的書法"只是工匠之精細者"，可謂不誣。

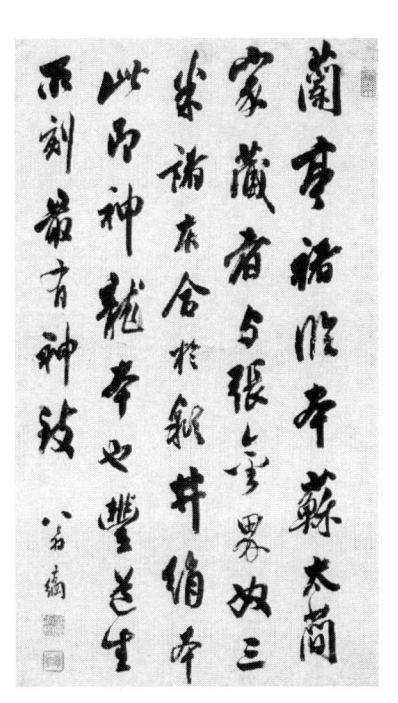

行書立軸　翁方綱

行書扇面　何紹基

4. 何紹基、趙之謙、張裕釗、康有為、吳昌碩書法

何紹基

何紹基（1799年—1873年），字子貞，號東洲，別號東洲居士，晚號蝯叟，湖南道州（今湖南道縣）人。清道光十六年（1863年），何紹基考中進士，授翰林院編修，歷任文淵閣校理、國史館提調等職。

何紹基學習書法非常勤奮，每種字帖都要臨摹數十遍乃至上百遍。臨摹時，他注意學習其一點，或學其態勢，或學其用筆，或觀其行氣，或揣摩其佈局方法。所以，他的臨摹作品看起來和原帖並不形似，但其精神卻有相通之處。

何紹基的書法諸體皆擅，其草書最高。其楷書以顏書為宗，又融以北朝碑刻、歐陽詢父子書法筆意；其篆書摻入隸意，別具一格；其行草主要取法顏真卿《爭座位帖》和李邕的《麓山寺碑》，用筆超邁，結體寬博，時有顫筆，更顯老辣。

何紹基作書時的握筆方法比較特別，他曾在臨摹《張黑女碑》後，這樣說道：“每一臨寫，必回腕高懸，通身力到方能成字，約不及半，汗浹衣襦矣。因思古人作字未必如此費力，直是腕力筆鋒，天生自然，我從一二千年後，策駑胎以躡騏驥，雖十駕亦徒勞耳，然不能自已矣。”後來，人們將他這種握筆方法稱為"回腕法"。但這種握筆方法與人的正常生理機能相違背，故使用者不多。

趙之謙

趙之謙（1829年—1884年），初字益甫，號冷君，後改字撝叔，號悲庵、梅庵、無悶等，浙江紹興人。

在書法上，趙之謙的楷書、篆書和行草成就最高，其楷書最開始學習顏真卿，後又從北魏碑刻中獲取營養 故人稱其字具有"魏底顏面""魏七顏三"的特徵；其篆書最初學習鄧石如，但又能融入魏碑筆意，形成個人風格。趙之謙傳世作品多為行書，其晚期行書筆墨腴潤、雄渾灑脫。

縱觀趙之謙的書法作品，大概可分兩個階段。35歲之前，他的書法主要取法顏真卿，個人風格尚未形成。35歲後，他從北魏石刻

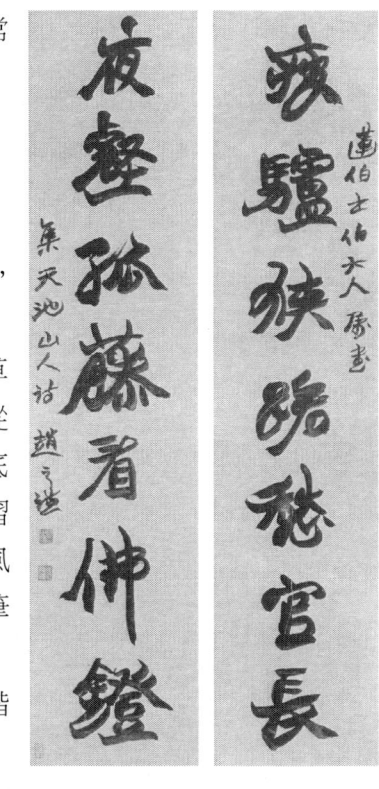

瘦驢夜壑聯　趙之謙

書法中悟得筆法，書風為之一變。他在致胡培系（子繼）函中亦敘述了自己學習書法的體會："弟讀《藝舟雙楫》者五年，愈想愈不是。自來此間，見鄭僖伯所書碑，始悟卷鋒。見張宛鄰書，始悟轉折。見鄧山人真跡百餘種，始悟頓挫。然總不解'龍跳虎臥'四字及閣研香（漢軍，名德林，包氏弟子之一）來，觀其作字，乃大悟橫豎波磔諸法。閣氏學此已三十年，其訣甚秘，弟雖以片刻竊之，究嫌驟入。但於目前諸家，可無多讓矣。書至此，則於館閣體大背，弟等已無能為役，不妨各行其是。"

趙之謙書法的極大成就，源於他善於思考、勇於創新。趙之謙學習顏真卿書法已有時日，卻能發現問題，並一頭紮入北魏碑刻書法中。再者，即使學碑，他亦能不落窠臼。前人學碑，多力求刀痕效果，但趙之謙卻化剛為柔，將碑刻書法寫得秀媚韻致。

康有為對趙之謙"柔化"碑學書法的做法不以為然，他評論道："撝叔學北碑，亦自成家，但氣體靡弱。今天下多言北碑，而盡為靡靡之音，則撝叔之罪

也。"其實，康有為對趙之謙書法的評論有失公允。書法與刻石畢竟是兩回事，工具亦不同，如果非要用毛筆在宣紙上追求刀味，那未免有些捨本求末了。

張裕釗

張裕釗（1823年—1894年），字廉卿，號濂亭，湖北武昌人。張裕釗自幼好讀書，後拜在曾國藩門下，與黎庶昌、薛福成、吳汝綸等人合稱為"曾門四學士"。

張裕釗書法最開始取法唐楷，後在北碑上用力尤深，最後形成了內圓外方、疏密相間的個人書法風格。除了在用筆、結體上具有獨創之處，張裕釗亦善於用墨。在作大字行楷時，他善用漲墨，讓字的起筆處和關節處暈成一團，強化了書法的金石韻味。

張裕釗之所以在書法上取得如此大的成就，與他勤奮習書是分不開的。張裕釗的學生張季直曾說道："益師平日每晨必以宿墨稿紙作字數百，紙無隙行，或且反復書之，紙背盡墨。輿中則握五寸牙管，懸空作勢，師之晚年，治學專精如此。"

康有為對張裕釗書法極為推崇，他這樣評價道："湖北張裕釗，其書高古渾穆，點畫轉折，皆絕痕跡，而意態峭崛特甚。其神韻皆晉宋得意處。真能甄晉陶魏，孕宋梁而育齊隋，千年以來無與比。""吾得其書，審其落墨運筆，中筆必折，外墨必連，轉必提頓，以方為圓，落必含蓄，以圓為方；故為銳筆而必留，為漲筆而實潔，乃大悟筆法。"

康有為

康有為（1858年—1927年），又名祖詒、字廣廈、號長素，又號明夷、更甡、西樵山人、遊存叟，廣東省南海人，人稱"康南海"。

康有為出生於書香世家，清光緒年間中得進士，後發起"公車上書"和"戊戌變法"，是近代著名政治家、思想家、書法家。

在書學上，康有為積極宣導碑學，鄙薄帖學，對碑學書法家張裕釗大加讚譽，稱其書法為"國朝第一"。康有為的《廣藝舟雙楫》是繼《藝舟雙楫》後，又一部提倡碑學的理論專著，全書分6卷，共27篇。康有為在《廣藝舟雙楫》

中認為，碑學書法有十美：一曰魄力雄強，二曰氣象渾穆，三曰筆法跳躍，四曰點畫峻厚，五曰意態奇逸，六曰精神飛動，七曰興趣酣足，八曰骨法洞達，九曰結構天成，十曰血肉豐美。

康有為亦在《廣藝舟雙楫》中闡述了他尊碑抑帖的原因："晉人之書，流傳曰帖，其真跡至明，猶有存者，故宋元明人之為帖學宜也。夫紙壽不過千年，流及國朝，則不獨六朝遺墨不可複睹，即唐人鉤本已等鳳毛矣，故今日所傳諸帖，無論何家，無論何帖，大抵宋明人重鉤屢翻之本，名雖羲、獻，面目全非，精神尤不待論。譬如子孫曾玄，雖出自某人，而體貌則迥別。國朝之帖學，薈萃於得天石庵，然已遠遜明人，況其他乎？流敗既甚，師帖者絕不見工。物極必反，天理固然。道光之後，碑學中興，蓋事勢推遷不能自已也。"

桑海桃源聯　康有為

在書法實踐上，康有為主要取法《石門銘》和《爨龍顏》，並借鑒《經石峪》和雲峰山諸石刻的筆意。康有為提倡碑學，但筆法多用圓筆，其書法撇捺開張、筆墨蒼潤、風格沉雄。

其實，康有為最初學書時，也是從帖學入手的。根據康有為《述學》中所記述的學書經歷可知，他11歲在祖父的指導下學習王羲之《樂毅論》以及歐陽詢、趙孟頫書，後又學習顏真卿、柳公權的碑帖，於是在結字上稍有姿態。後來，他學習行草時，又取法張芝、索靖、皇象、孫過庭等人。等他來到京師，見到漢魏六朝的碑刻書法後，眼界大開，後又見到張裕釗的墨跡後，才悟得筆法真諦。

康有為書學上的尊碑思想對後世產生了深遠的影響，許多帖學書法家不再一味浸淫於晉唐書法，他們從"二王"書風的藩籬中跳了出來，開始將目光投向雄渾峻峭的碑刻書法，有的書法家嘗試走一條碑帖融合的道路，並取得了卓越成就。

篆書四條屏　吳昌碩

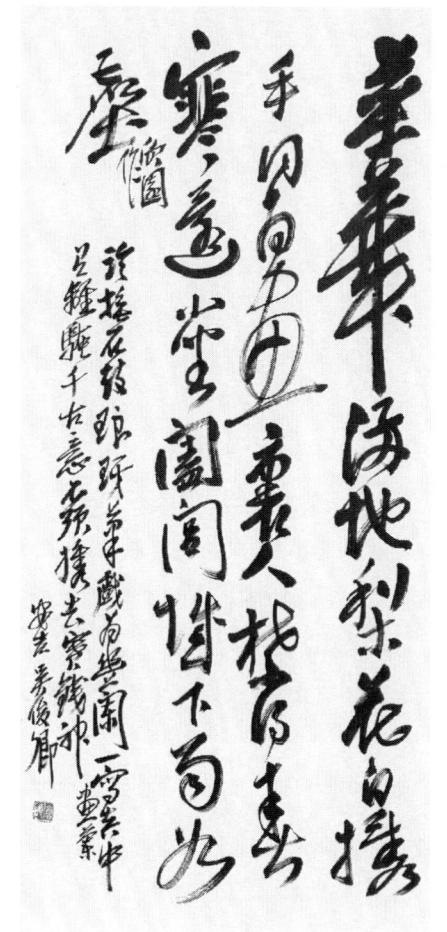

草書自作詩　吳昌碩

吳昌碩

吳昌碩(1844年—1927年)，原名俊，字昌碩，別號缶廬、苦鐵等，浙江安吉人，晚清民國時期著名的書畫家、篆刻家。

早年吳昌碩學習書法時，楷書以顏真卿為宗，隸書則學《張遷碑》《三公山碑》等東漢碑刻，篆書則在石鼓文上用力尤深，其行書主要學習黃庭堅、王鐸。

吳昌碩的書法各體皆擅，篆書、行草成就最高。其篆書用筆雄渾遒勁，真氣彌漫，其行草用筆老辣，墨色蒼潤，氣勢磅礴。沙孟海曾評價其書法："行草書純任自然，一無做作，下筆迅疾，雖尺幅小品，便自有排山倒海之勢。"

第六編　近現代、當代書法

　　到了近現代、當代，書法呈現風格各異、流派紛呈的局面。近現代書壇，李叔同、沈尹默、白蕉、沙孟海、林散之、啟功等書法家，書風各異，影響極大。當代書壇，呈現"傳統書法""藝術書法""現代書法"三足鼎立的局面。

　　書法藝術經歷了幾千年的發展歷史，呈現了由自發走向自覺、由古典走向多元的發展歷程。由於中外文化交流步伐的加快，傳統的中國書法走向世界舞臺，並呈現出愈久彌新的趨勢。

一、群星璀璨的近現代書法大家

歷史學家習慣將19世紀鴉片戰爭爆發至1949年中華人民共和國成立這一時期稱為"近現代",而將新中國成立至今這段時間稱為"當代"。在敘述書法史時,我們亦可以參照這種時段標準。

因此,近現代書法是指1840年至1949年這百多年的書法發展史,在這一時期,書壇可謂是群星璀璨,各領風騷,其中具有代表性的書法家有李叔同、沈尹默、白蕉、沙孟海、林散之、啟功等。

1. 李叔同

李叔同(1880年—1942年),字息霜,別號漱筒,又名李息霜、李岸、李良,生於天津,著名音樂、美術教育家、書法家,後剃度為僧,被人尊稱為"弘一法師",被佛門弟子奉為"律宗第十一代世祖"。

李叔同的人生充滿傳奇色彩,他出生於天津一個富商之家,自幼聰慧好學,長大後才華橫溢、學貫中西,於美術、書法、篆刻、音樂、戲劇等方面均有極高造詣,但他後來看破紅塵,義無反顧地在杭州虎跑寺出家了,法名弘一。遁入空門後,弘一法師盡舍諸藝,只用書法來抄寫佛經、結緣信眾,終成為一代高僧。1942年10月,弘一法師寫下"悲欣交集"四字,於三天後靜靜圓寂。趙樸初先生這樣評價李叔同的一生經歷:"無盡奇珍供世眼,一輪圓月耀天心。"啟功先生亦作詩贊道:"我敬李息翁,獨行行最苦。禿筆作真書,淡靜前無古。並世論英雄,誰堪踵其武。"

李叔同的書法藝術，早年取法《張猛龍碑》，筆勢奇峻乖張，後又廣涉秦磚漢瓦、鐘鼎文和晉唐諸家書法。剃度之後，他為了普度眾生、弘揚佛法，用書法來書寫佛語贈人。其書法有洗盡鉛華的沉靜之美，連魯迅、郭沫若也想求得法師的一幅墨寶。晚年時期，其書法靜穆清婉、沖逸無塵，達到了人書俱老的極高境界，他本人亦這樣形容自己的書法作品："朽人之字所示者，平淡、恬靜、沖逸之致也。"

2. 沈尹默

沈尹默（1883年—1971年），原名君默，字秋明，浙江湖州人。早年遊學日本，回國後在北京大學、北京女子師範大學任教。

沈尹默自幼學習黃自元書法，在杭

光明智慧聯　李叔同

州任教時，他已經頗有書名。當他與陳獨秀第一次見面時，陳獨秀便不客氣地對他說："我見過你的詩，詩很好，字則俗在其骨。"沈尹默聽了這句話後，便更加勤奮地學習書法。每天清晨，沈尹默便起床習字，每天寫滿100張大字。在精研"二王"筆法的同時，他亦注意提高書法的格調，終成為近現代書法界的巨擘。後來，沈尹默在回憶這段往事時，坦然地說道："陳先生快言快語，對我的批評卻很中肯。我自小受到黃自元的影響太深了，所以書法格調不高，徒然浪費了許多光陰，陳先生的話一針見血，讓我知道問題之所在。"

沈尹默晚年的書法成就極高，其書法點畫超然，風格儒雅清秀，達到了登峰造極的程度。原浙江美術學院教授陸維釗這樣評價沈尹默的書法藝術："沈書之境界、趣味、筆法，寫到宋代，一般人只能上追清代，寫到明代，已為數不多。"陸維釗先生認為沈尹默的書法已經達到宋代書法家水準，這個評價可

行書扇面　沈尹默

調很高了。著名書法家謝稚柳先生在為沈尹默所撰《秋明室雜詩》作跋時說道"秋明先生書法橫絕一代。昔山谷每歎楊凝式書法之妙，為惜其未諳正書。此卷所作筆力遒美，人書俱老。以論正書蓋數百年中未有出其右者。"

3. 白蕉

白蕉（1907年—1969年），本姓何，名馥，字遠香，號旭如，上海人。

白蕉出身於詩書之家，其書法最開始亦取法歐陽詢、虞世南、鐘繇和"二王"等名家，楷書功底極為深厚，據說他臨摹的歐陽詢的《九成宮醴泉銘》，在陽光下與原帖放在一起，竟然能重合在一起。白蕉早年書法功力雖深，但是並無自我面貌。到了50歲左右，白蕉在行草方面用力尤深，其個人面貌才顯露出來。1961年後，白蕉的書法筆法更為嫻熟精純，達到爐火純青的地步。晚年時期，白蕉在書法創作中還加以日本人藤原行成的筆意，其書法氣息純正，風格蕭散流落，讓人歎為觀止。

鑒於白蕉在帖學書法中的重大建樹，同輩者多對其不吝讚美之辭。沙孟海在《白蕉題蘭雜稿卷跋》中評價道："白蕉先生題蘭雜稿長卷，行草相間，寢饋山陰，深見功夫。造次顛沛，馳不失範。三百年來能為此者寥寥數人。"

行書橫幅　沙孟海

4. 沙孟海

　　沙孟海（1900年—1992年），原名文若，字孟海，後以字為名，浙江鄞縣人。

　　沙孟海曾任浙江大學中文系教授、浙江美術學院教授、西泠印社社長、西泠書畫院院長、浙江省博物館名譽館長、中國書法家協會副主席。沙孟海除了具有極高的書法成就，在語言文字、文史、考古、篆刻等方面亦有很深的造詣。

　　沙孟海出生於書香之家，自幼學書。在30歲以前，他主要臨習《集王聖教序》《鄭文公碑》《張猛龍》等碑帖，並打下了堅實的楷書基礎。中年後，沙孟海的書法在"平正"的基礎上，開始追求"險絕"的風格。50歲後，沙孟海將主要精力放在行草創作上，其書作以北碑為基礎，又參蘇軾、米芾、張瑞圖、黃道周等宋明諸家筆意，逐漸形成筆法剛健、墨法雄渾、結字緊湊的個人風格。沙孟海亦善書擘窠大字，其榜書作品氣勢沉雄，堪稱一絕，世人這樣稱讚道："真力彌滿，吐氣如虹，海內榜書，沙翁第一。"

　　除致力於書法創作外，沙孟海亦在書法理論方面有頗多建樹，其著作有《印學史》《沙孟海書法集》《沙孟海真行草書集》《蘭沙館印式》《中國書法史圖錄》《文若印譜談》《沙孟海論書文集》等。

5. 林散之

林散之（1898年—1989年），原名林霖，又名以霖，字散之，號三癡、左耳、江上老人等，江蘇江浦人。

林散之幼年便開始學習書法、繪畫。剛開始寫字時，他主要臨摹顏真卿、柳公權的碑帖，後來又跟隨範培開、張栗庵學習書法。林散之擅長草書，其草書以王羲之、懷素為宗，又參以米芾、祝允明、董其昌、王鐸等名家筆意，形成行筆圓轉酣暢、墨色變化無常的個人風格。

1972年，趙朴初、啟功在中日書法交流展上看見林散之的書法作品，對其盛讚不已，啟功還脫帽在他的作品前三鞠躬。從此，林散之的書名便傳開了，他亦被人譽為"當代草聖"。

林散之獲得如此稱譽絕非偶然，這與他注重變法的觀念是分不開的。他曾說道：

"審事物，無不變者。變者生之機，不變者死之余，書法之變，尤為顯著。"

正因為善於創變，林散之在學習前人的基礎上又發展了筆法、墨法，其書法用筆以中鋒為主，但又注重"留、圓、平、重、雅"，故其作品的線條呈現老辣奇特之態。在注重用筆的同時，林散之亦發展了用墨之法，由於他跟隨黃賓虹學過國畫，深諳用墨之道，於是在進行書法創作時，他亦將國畫中的用墨技巧運用到書法中。在落筆之前，他用蘸滿墨汁的毛筆尖在清水中輕點一下，再在宣紙上書寫，水墨交融後，線條呈現了無窮的變化，故其書法作品亦可見"濃墨、淡墨、枯墨、潤墨"等不同墨色。

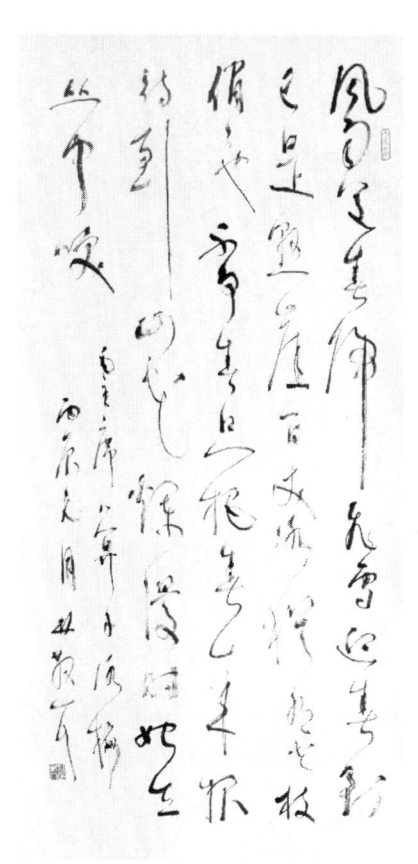

行書中堂　林散之

6. 啟功

啟功（1912年—2005年），字元伯，一作元白，北京人，為清皇室後裔。

啟功早年跟從著名史學家陳垣先生治學，後在高校任教，並擔任故宮博物院顧問、國家文物鑒定委員會主任委員、中國書法家協會主席、中國佛教協會常務理事等職。啟功在古典文學、書法、繪畫、文物鑒賞等方面均有極高造詣。在書法上，啟功擅長行草，其書風溫雅秀韻，對書壇影響很大。

啟功為人寬厚，對前來求字者一概應允，並自言："就差公廁沒有我的字了。"

有人拿著一張啟功的書法贗品問他："這是你寫的嗎？"啟功幽默地回答說："他比我寫得好。"接著，他又說："是我寫的。"別人問他為何這樣說，他則答道："那個人模仿我的字，說明他看得起我。再者，他肯定是為生活所迫才這樣做。他要是找我借錢，你說我難道不借給他嗎？"可以看出，啟功為人幽默隨和，一如其字，可親可近。

除了上述書家外，近現代書壇還湧現了一大批著名書法家，如於右任、沈曾植、李瑞清、梁啟超、曾熙、羅振玉、章士釗、鄧散木等，他們有的注重傳統，有的闖出新路，共同造就了近現代書壇繁星滿天的局面。

行書條幅　啟功

二、"三足鼎立"的當代書法

1. 當代書法流派

根據創作觀念、創作方式及作品呈現的不同風格,可將當代書壇的書法藝術分為"傳統書法""藝術書法""現代書法"三種流派。

從傳統的理解角度來看,"傳統書法"是繼承大於創新,"藝術書法"是創新大於繼承,而"現代書法"則主張擺脫傳統的束縛力,是反傳統的。這裡的"大"字,是指在對繼承和創新二者倚重程度上的一個模糊性範圍劃分,而"現代書法"在本質上是反傳統的。我們亦可以用一句話來闡釋這三者的關係,"藝術書法"是"傳統書法"的藝術化,"現代書法"是"傳統書法"的現代化。從主客體關係的角度來看,"傳統書法"更注重內在和法度,是以主體為軸心來考察主客體的關係,"現代書法"更注重以現代的觀念、思維來詮釋書法,是以客體為軸心來考察主客體的關係,而"藝術書法"則是努力在傳統與現代之間尋找一個契合點,從而使書法既具有傳統的一些主要因素,又具有現代的創新意識和藝術角度的思考,對書法創作的主體和客體同時兼顧,因而它是"傳統書法"的現代轉型。

既然當代書法藝術由原來古典書法"一統天下"的局面變成由"傳統書法""藝術書法"和"現代書法"構成的"三足鼎立"的格局,那麼,我們來具體分析這三種流派形成的原因和作品所呈現的面貌吧。

當代"傳統書法"領域裡的書法家眾多,其所進行的書法創作大致可以分為如下三種。

碑學:這種創作模式其實是清代碑學的延續,主張重視漢魏、南北朝的碑刻，創作上的取法對象也以碑刻為主。但是，當代的碑學創作取法範圍更為廣泛，甲骨文、漢晉簡牘和敦煌殘紙都成為其取法對象。

孫伯翔是當代的碑學大家。孫伯翔學習書法，主要取法魏碑，尤其是從《始平公造像》《楊大眼》《魏靈藏》中得益甚多，最後形成自己高古雄強的風格，受到當代許多書家的推崇。

帖學：碑學大潮之後，真正意義上宣導帖學的是沈尹默。《現代書法論文選》中收錄了沈尹默研究帖學的三篇論文《書法論》《學書叢話》和《二王法書管窺》，記載了他關於帖學的一些觀點。這些論文，對於恢復帖學的發展起到了重要的作用，對當代書壇也產生了深遠的影響。

孫曉雲是當代一位頗有實力和影響力的帖學書法家。孫曉雲的書法以"二王"為根基，筆法精准，氣息沉靜嫻雅，古味醇厚，這也

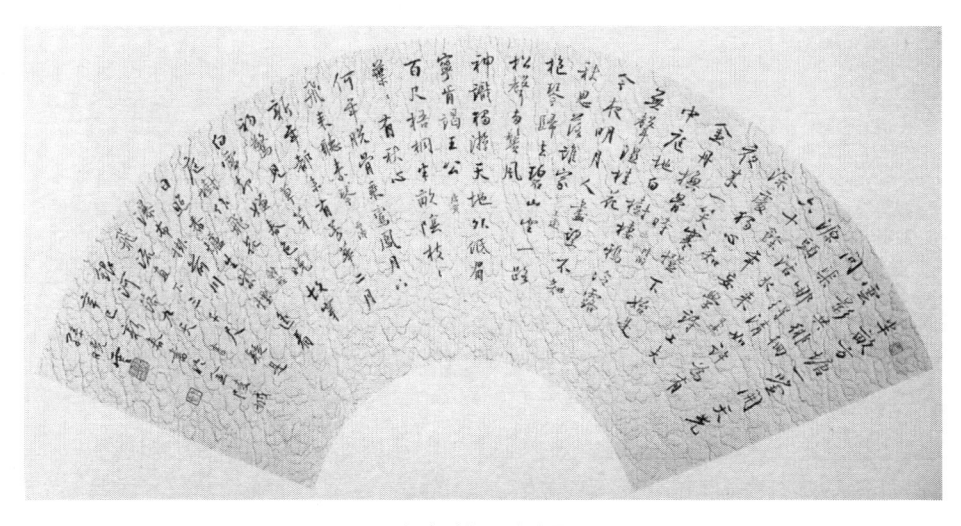

清芬勁直　孫伯翔

行書扇面　孫曉雲

是她被稱為帖學代表人物的主要原因。

　　碑帖融合：早在清末碑學大興的時候，碑帖融合的創作方式便已經出現了。而當代傳統書法領域中，大部分書法家都主張碑帖相容，他們從帖學和碑學中接受養分，因此其作品同時兼備碑帖兩方面的表現語言和藝術特色。

　　"藝術書法"是"流行書風"的後續，研究"藝術書法"不能不說"流行書風"。而"流行書風"的出現，也有其特殊的歷史背景。

　　早在明末清初時期，傅山提出"四甯四毋"的書學思想。傅山之後，康有為亦提出"抑帖尊碑"的書學主張。這些觀念，對後世書法家影響很大。

　　20世紀，隨著考古的發展，一些有著強烈創新意識的書法家，從出土的秦漢木簡、晉人尺牘、樓蘭殘紙、敦煌寫經、磚瓦文字中尋找養分，並將其提純雅化，從而形成自己獨特的風格。由於展覽機制和現代展廳意識的影響，從者如流，因而成風。

　　後來，對於展覽中出現的具有探索性質和創新風格的作品，便統稱為"流行書風"。"流行書風"的代表人物王鏞在"首屆流行書風提名展"接受訪談時說："'流行書風'原來是別人扔過來的一頂'髒'帽子，結果扣在頭上一看，卻發現大小、式樣還可以將就，姑且拂去浮塵，先借來一戴。"王鏞亦曾明確提出了"流行書風"的宗旨，那就是"根植傳統，面向當代，張揚個性，引領時風"。

　　在2004年的"北京·湖南藝術書法展"上，王鏞提出了"藝術書法"的概念，引起很大反響。

　　2006年，"首屆全國中青年百人藝術書法展"在北京開幕，《首屆全國中青年百人藝術書法展作品集》亦在開幕式上首發。"藝術書法"的概念被再次提及"雖然藝術書法和書法藝術似乎只是簡單的詞序調換，但所表達的內涵是很不同的。傳統意義上的書法更多地附加了書法以外的屬性，而'藝術書法'則強調把書法的藝術性放在首要位置，以藝術的立場審視書法，以藝術創作的普遍規律來創作書法。"

　　由此可見，從"流行書風"到"藝術書法"提法的改變，"藝術書法"的理論探索亦有其發展，而"藝術書法"的命名比"流行書風"更為規範和正式，其藝術主張的指向性更為明確和具體。

　　"藝術書法"的實踐探索方向有取法民間、取法經典兩種類型。

這裡的取法民間是指取法民間書法，民間書法是與經典書法相對應的那部分古代作品，因形式上的不成熟而被歷史所忽略。從事這類探索的書法家有王鏞、沃興華、何應輝等。

　　作為繪畫科班出身的書法家，王鏞在從事書法創作時不太注意傳統書法結字的統一與規範，而更注重字的空間構成。王鏞非常重視除"二王"體系和魏碑體系之外的民間書法的美學價值，並以其為創作素材進行廣泛的取法。他還將民間書法做了提純雅化的改造，因而其作品具有野逸、拙樸、雄渾、恣肆的風格。由於開風氣之先，王鏞獨特的書法風格轟動一時，仿效者眾多。

　　取法民間的另一代表書法家是沃興華。沃興華在創作過程中，為了追求荒古、沉鬱的線質和誇張、變形的造型空間，徹底拋棄文人書法的中鋒用筆原則，將破鋒、拖鋒、散毫等筆法引入書法創作中來。

行書對聯　沃興華

　　何應輝的書法主要取法於漢碑，於《石門頌》用力尤深。在進行書法創作時，他十分注意書法家的"當代立場"，主張古為今用，要求創作主體具有時代的審美選擇。在書寫技巧上，他也有自己的獨到之處，即善於利用發力方式的變異來控制運筆的節奏。在形式構成上，運用適度的誇張、變形，有效地打破來自"傳統書法"的審美定式。因此，雖然取法與"傳統書法"一致，但是作品風貌卻不同。其書作節律豐富，寓秀於雄，樸茂中顯天真，綿密中見蕭散，具有獨特的當代風貌。

　　從上述書法家的實踐方式可以看出，無論是取法民間，抑或取法經典，他們都存在漠視、弱化書寫性甚至放棄傳統用筆方法的現象，強調對漢字結構造型表現的主動性，認為失去變形和誇張，就失去了時代個性和個人特徵。

但是，通過其作品也可以看出，他們雖然講究單字結構的變形，但是對整體章法卻依然遵循"傳統書法"章法的形式，因此在這點上，"藝術書法"與"傳統書法"的認識是一致的。

早在 19 世紀 20 年代，日本便出現了現代意義上的書法藝術。比田井天來（1872 年—1939 年）是日本現代書法的開創者，1921 年，比田井天來提出了與傳統"實用書"相對應的"藝術書"。

1933 年，受比田井天來的影響，上田桑鳩、大澤雅休、手島右卿等年輕人聯合成立了"書道藝術社"，並發行了《書道藝術》，在《書道藝術》的創刊辭上，他們提出了關於書法現代化的初步設想。

但是，當時的日展並不接受現代書法，上田桑鳩、大澤雅休的作品相繼被逐出日展。1957 年，手島右卿的少字數派作品《崩壞》參加了聖保羅國際美術展。《崩壞》營造了空襲過程中建築物遭遇轟炸後的崩潰和倒塌的場景，極具一種強烈的動勢和張力。這件以視覺效果為出發點的造型藝術立即引起了國際美術界的關注，而這次展覽也標誌著日本前衛藝術開始活躍於國際藝術舞臺。

20 世紀五六十年代，日本的前衛書法流派主要有墨象派、少字書派和近代詩文派，而這些藝術嘗試與經驗也為後來的中國現代書法提供了直接的參照。

20 世紀 80 年代，隨著改革開放的發展，中國對外交流加強，西學東進，西方美學思想被大量引進中國，國外藝術思潮與中國傳統觀念的碰撞，使得這時期的思想觀念極為活躍。因此，在西方現代藝術思潮和日本現代書法理念的共同影響之下，融入藝術家現代理念和體驗的"現代書法"出現了。

1985 年、1986 年由中國現代書畫學會舉辦的"現代書法展覽"中，參加者多為對書法抱有興趣的美術工作者，很容易將美術思潮和理論應用於書法創作上，他們都主張在不排斥傳統的基礎上力求讓創作空間更為自由，追求作品風格的現代感和可觀性。

崩壞　手島右卿

對於現代書法，王冬齡在《現代書法精神論》一文中認為：現代書法是傳統書法的延伸和發展，現代書法是傳統書法在當下的體現，並強調藝術的純粹表現和觀念多元，充分發揮書法所有的藝術表現力，從而實現自我完成和自由的一門現代藝術。可以看出，王冬齡主張在傳統的基礎上追求現代個性和主體自由，因而其創作觀念是書法的藝術價值重於傳統法度，強調主體的精神自由和書法表現的豐富性。

邱振中在《書法的形態與闡釋》一書中則主張：現代書法創作的另一途徑，是設法讓書法接近現代意義上的藝術：把以人為核心改變為以作品為核心，追求作品形式構成上的獨創性，承認評價標準的多元性（不再認為傳統評價標準是唯一的標準），從更廣泛的來源中汲取創作的靈感（不局限於古典書法傑作）。

從以上種種藝術主張來看，藝術家對現代書法的表現載體、表現方式上的運用和對傳統的接受程度上的意見並不統一，但是對作品形式的視覺效果和現代意味的要求卻是一致的。

在對"現代書法"的創作行為進行梳理和歸納時，我們可以發現中國"現代書法"創作是交叉出現、多頭並進的，具有複雜性和豐富性，按其創作的狀況，大致可以歸納為以下四種探索方向。

圖解字義式探索：1985 年，在中國美術館舉辦的現代書法首展上，藝術家古幹將美術繪畫中的色彩引入書法創作之中，其作品《山水情》看起來非書非畫，亦書亦畫，給欣賞者不一樣的視覺感受。

可見，圖解字義式探索方法是將象形文字或能使人產生"物象"聯想的文字作為創作元素，借鑒日本現代派中的墨象書法和少字書書法，並有意無意揉入一些繪畫技法和形象。

跨文化式探索：這類探索以王冬齡為代表。王冬齡在美國生活時，就曾在美國的報紙、雜誌等平面媒體上書寫中國傳統書法中的草書和篆書，這種將中國傳統書法元素和國際書寫載體相融合的探索方式，意圖凸顯地域文化差異衝突中的時代感。因此，他的許多現代風格的作品，融合了中西方文化元素，是一種跨文化式構成。他在《關於當代書法藝術創作》中回憶道："我對書法也有了新的認識，改變了素來就在'中國書法圈'看中國、日本書法的思維模式。在美國期間，我對書法作為當代藝術做了反思與反問。我常常不是站在书法立场看书法，而是站在当代艺术的立场来看中国书法、日本书法、西方现代绘画，我有一种对传统中国书法的艺术表现力认识上的超越，当代书法艺术所包含的绘画抽象感与现代艺术感应当发挥与张扬。"

消解汉字式探索：传统书法在形式上的最小结构单位是单个汉字的形式结构，而现代书法家则对汉字的构成要素进行瞭解构。他们以汉字结构为题材和单位目标，试图通过消解汉字的构成要素（形、音、义）以营造新的艺术形式。谷文达、邱振中等人的文字实验，即是这类探索方式的代表。

对于谷文达的试验，高名潞在《消解的意义——析现代书法中的文字艺术》一文中这样评价道："以这种消解为手段，谷文达的代表作有《畅神》《正反的字》《错位的字》《无意的字》等。谷文达的'字'，开始想从破坏单体字的结构入手，同时仍保留书法的笔法，如'神易'。后来发展为错别字、倒字。但这种破坏其实是表面的，因为不论你怎样按部首拆开单字，都仍保留着汉字的'字原'，即偏旁……"可以看出，谷文达运用对汉字偏旁的重组这种方式来对作品文字造型进行改造，其作品便因形式上的新奇感而充满意味，具有一种现代意义上的精神动荡感。

邱振中的作品《最初的四个系列》中的"待考文字"系列，也是一种消解汉字式探索方式。该作品文本中所运用的甲骨文、金文、石鼓文、六国文字等，既是汉字，却又无法识别，也没有严格汉字意义上的语义功能。作者试图使用这些失去语义的特殊文字作为载体来表现现代与传统的复杂联系，唤醒人们的现代感受。

延伸书写式探索：这类创作方式强调书写，反对制作，作者以现代空间观念替换传统"写字"式观念，试图在既保留汉字规范，又能营构一种现代形式感之间寻找一个最间的构成意识，把字内空间和字外空

待考文字　邱振中

間做綜合考慮。

邵岩是這類創作的代表。他的作品字數不多，通過字形的抽象化處理淡化作品的可識性，強化線條本身的表現力，如《桃花亂落紅塵雨》《數點梅花天地心》即這類探索方式的代表作品。

2. 當代書法流派形成原因

20世紀80年代，中國社會經濟發生了巨大的變化，特別是改革開放以後，市場經濟進一步向縱深發展，過去那種平均消費被差別主義消費所取代，大眾文化消費和精英文化消費產生對立。經濟結構的轉變決定了社會的轉型和文化的轉型，也引起了書法生存環境的轉型和嬗變。

首先，國力的強盛推動了政治的發展，民主自由的局面出現後，書法藝術的繁榮景象也隨之出現。社會的發展允許藝術傢俱有相對自由的創作思想，政治的開明為書法的發展提供了寬廣的發展空間。藝術家在這種環境中更注重自身價值的體現和身份獨立，原來古典系統的"中和之美"思想被打破了，許多書法家開始大膽走出"二王"體系，敢於突破陳規，另創新路。

其次，古典文化氛圍的消失也對當代書法流派格局的形成具有一定的催化作用。白話文的使用、鋼筆的普及和簡化字的推行，古老的毛筆書法已經漸漸失去了原來所具有的實用功能，這種日益凸現的非功利特性使得一些書法家開始以"現代"的眼光來審視書法。

再次，書學思想的活躍也為書法流派的產生提供了理論上的支援。在當代，關於書法的各種學術爭鳴、理論探討絡繹不絕，考古學、社會學、心理學、解釋學等其他相關學科的發展為書法研究提供了多元思維和多維視覺。

最後，書法家思維方式的變化也對書法發展有著重要影響。隨著鴉片戰爭的爆發，西方的科學文化和思維方式被引介過來，傳統的思維方式漸漸向現代轉換。作為藝術創作主體的書法家，雖然在書法創作活動中也受到作為書法生存環境的社會客體和書法本體的雙重制約，但作為書法藝術的審美主體與創作主體，必然會對書法的發展做出能動的反應。

在古典書法時期（特別是清代以前），書法為帖學所籠罩。而當時書法家的家的思維方式具有明顯的尚古傾向，他們主要從書法技法方面來考量書法作品的價值，因而思維模式相對單一和固定。而現代思維模式則是發散的、多元的，是靈活多變的。孫過庭《書譜》中這樣寫道："觀夫懸針垂露之異，奔雷墜石之奇，鴻飛獸駭之姿，鸞舞蛇驚之態，絕岸頹峰之勢，臨危據槁之形。或重若崩雲，或輕如蟬翼，導之則泉注，頓之則山安。纖纖乎似初月之出天涯，落落乎猶眾星之列河漢，同自然之妙，有非力運之能成，信可謂智巧兼優，心手雙暢，翰不虛動，下必有由。"在我國古代書論中，這樣的論述還有很多，不勝枚舉。而且，書法家更傾向於以這種具有模糊性、籠統性的感性思維來創作書法、欣賞書法。到了近代，理性思維方式從西方引入，並於20世紀70年代末期被書法理論家大量使用。書法理論家注重精細的論證、嚴密的推理，如在書法審美活動中，對審美主體的體驗進行科學的理性的透視和規範，在書法創作過程中，書法家也開始注意強化書法創作的主題思想和社會學意義，弱化體現個人情感的筆墨技巧，許多現代書法作品即是藝術主體理性思維的體現。

传统的依附思維方式有著超強的慣性和控制力量，傳統的書法家習慣做創作後的分析整理，而忽視傳承千年的法度。他們在前人的成就上注重繼承和沿襲，少有創變。劉熙載在《藝概》曾指出："與天為徒，與古為徒，皆學書者所有事也。"因此，古典書法時期，書法家的思維方式是以依附為主，以崇古為尚，因為他們害怕失去書法的"法"。當代書法家則希望衝破古人書法體系的樊籠，最大限度地發揮主體能動性和創造性。為了實現自己的藝術追求，他們敢於衝破傳統法度和秩序，甚至對古代書法藝術文本進行分離和解構。

可以看出，作為創作主體的書法家，在日益變化的客觀環境下，其思維方式和審美方式也相應地發生了變化。而思維方式又是影響創作活動的重要因素，因此這些書法家的作品風格也迥異古人，具有時代意味。

第七編　走向世界的中國書法

　　書法藝術和國畫、京劇一樣，是我國的國粹，也是我國特有的傳統文化遺產。漢字誕生後，書法隨之發展，並於東漢末年成為一門獨立的藝術形式。經過幾千年的發展，書法在科技發達的當代依然煥發出巨大的生命力，它在走進中國千家萬戶的同時，也走向了世界舞臺。

　　書法作為一種傳統藝術形式，具有自己獨特的個性風格和審美趣味，具有風格的豐富性和意向的模糊性等特徵。我們在學習和欣賞書法藝術時，要瞭解書法欣賞和書法創作的一般規律。

一、書法之美

1. 書法的定義

"書法"一詞在現今所見文獻中最早出現於《左傳》:"董狐,古之良史也,書法不隱。"這裡的"書法"指史官處理材料、評價人物、評論史事的方法和原則。後來,南朝齊王僧虔在《論書》中寫道:"謝綜書,其舅雲:'緊結生起,實為得賞。'至不重羊欣,欣亦憚之。書法有力,恨少媚好。"這裡的"書法",是指書寫漢字的藝術。"書法"還可指漢字形體,如清代葉名澧在《橋西雜記》中寫道:"至如秦漢碑,惟一二三書法不同。"除此之外,"書法"還可指措辭方法。

那麼,作為一門書寫漢字的藝術,《辭海》給書法做了這樣的解釋:書法是文字的書寫藝術,特指以毛筆表現漢字的藝術。書法既有語言文字所具有的實用價值,也具有可供欣賞的藝術價值,它是中華民族優秀傳統文化之一。

首都師範大學教授、博士生導師歐陽中石認為:書法是關於漢字書寫成文的,文、書相互合一映照的一門學問。中央美術學院教授、博士生導師邱振中先生在《神居何所》中提到:"書法"這一概念有兩個重要的內涵;一是"書寫"——準確地說,是"一次性書寫";二是"文字",二者缺一則不能稱之為"書法"。

可見,關於書法的定義,不同人有不同的看法。一般來說,我們可以這樣對書法下一個定義:書法,是以漢字為表現物件,以毛筆為書寫工具的線條造型藝術。

2. 書法之美

書法是一種線條造型藝術，它作為一種傳統藝術形式，具有自己獨特的個性風格和審美趣味，同時也具有風格的豐富性和意向的模糊性等特徵。因此很難用一種固定的尺度去衡量、鑒賞、評價。

但是，好的書法作品總有吸引人的特質。那麼，在欣賞書法作品時，我們應該遵循哪些審美標準呢？或者說，書法之美體現在哪些方面呢？

著名書法家孫曉雲寫過一本書，叫作《書法有法》。可見書法是重"法"的。從理性角度講，書法之美包括：字法美、筆法美、墨法美、章法美。

字法美

字法即書法用字的方法，包括漢字的筆順、結構以及字體。

書寫漢字都要遵循一定的筆順，筆順正確，漢字書寫起來才能流暢、美觀。為了體現字法之美，在書寫漢字時，既要注重字法態勢的錘煉，又要重視漢字結體上疏密變化與搭配、欹正、呼應的安排。

關於漢字的結體，歷代都有人總結研究。清末書法家黃自元曾改良出《間架結構九十二法》，這是初學書法者的入門書，在當時影響很大，甚至達到婦孺皆知的程度。啟功先生也總結了"真書（楷書）結字的黃金律"，為廣大書法愛好者指點迷津。

漢字亦有真、草、篆、隸等書法字體，每種字體的風格各不相同。不同字體的個性特徵、用筆方法各不相同，給人的審美感受也不一樣：楷書端正，隸書肅穆，行書活潑，草書放逸。

筆法美

書法講究筆法。筆法，即書寫時的用筆方法，包括執筆法與運筆法，主要指運筆方法。

現在大多人寫書法都是採用五字執筆法，即"擫、押、鉤、格、抵"。在執筆時，要注意指實掌虛的原則，這樣才能將全身之力送至筆端。根據所寫字的大小不同，還有不同的用腕方法。寫蠅頭小楷時，要將右手手腕枕在左手手背或桌面上,這是"枕腕法";寫中等大小的字時,可將手腕提起,但肘部依然枕於桌上,這是"提腕法";寫較大的字時,為了書寫靈活,可將整個手臂提起來,這便是"懸腕法"(又稱"懸臂法")。

運筆方法在書法藝術中具有極為重要的地位,它是書法技法的核心內容,也是衡量一個書法家水準高低的重要標準。元代著名書法家趙孟頫在《蘭亭帖十三跋》中寫道:"書法以用筆為上,而結字亦須用工,蓋結字因時相傳,用筆千古不易。"他在《跋定武蘭亭》中亦寫道:"學書在玩味古人法帖,悉知其用筆之意,乃為有益。"可見,趙孟頫非常重視書法的用筆問題,認為用筆是書法藝術的核心問題。有經驗的書法家,熟悉毛筆的性能,用筆時講究藏露、方圓、曲直、輕重、提按、翻轉,因此其筆下的線條能呈現虛實、粗重、肥瘦、剛柔的變化。

在學習書法時,善於用筆者,才算是真正邁入書法的殿堂,不善於用筆者,只是門外漢而已。因此,經典的書法藝術能呈現筆法之變、筆法之美。

墨法美

墨法,即書法創作中使用的用墨方法。我們知道,墨分五色,國畫創作過程中有"破墨法、積墨法、焦墨法、宿墨法和沖墨法"等不同的用墨方法。那麼,書法中的墨法有哪些呢?

書法中,用墨之法主要是指書寫者要能表現墨色的枯潤、濃淡、躁濕變化。一幅書法作品的墨色變化,能體現書寫者用筆速度的變化。墨色變化豐富的書法作品,具有節奏變化,具有韻律之美;墨色變化少的書法作品,則

奉龔孝升書(局部)

顯得呆板單調。

除了墨色變化外，書法創作中還會使用到一些特殊的墨法，如王鐸擅"漲墨法"。王鐸在其作品《奉龔孝升書》中使用"漲墨法"，有的地方墨汁在筆入紙時向外漲暈，與"飛白"筆法相映成趣，增加了作品的感染力，給人強烈的視覺感受。

章法美

章法即書法的成章之法，它既包括一件作品中字與字之間、行與行之間呼應、虛實、疏密、起承的分佈，也包括書法作品的整體佈局和形制。

常用的書法形制有條幅、橫幅、中堂、對聯、斗方、長卷、扇面、冊頁等。條幅是指獨幅的長條作品，也稱直幅、立軸，通常是將整張宣紙裁成二分之一或三分之一，格式是從右至左、從上至下，一般寫成兩行或三行，如果字數較少，亦可居中寫成一行。如果內容字數較多，可將多條條幅組合成一件條屏。如果是四條，俗稱"四條屏"，還有"八條屏"或"十條屏"。

橫批，又稱橫幅，其形式與條幅剛好相反，是橫長豎窄的形式。

中堂，亦是獨幅豎式作品，但其尺寸比條幅寬大，多為四尺整紙或六尺整紙。中堂這種形式適宜擺放在客廳裡面。

對聯，由大小相同、左右對稱的兩個長條組成，是一種使用極為廣泛的書法形式。在觀看一副對聯時，右邊為上聯，左邊為下聯。

根據字數不同，

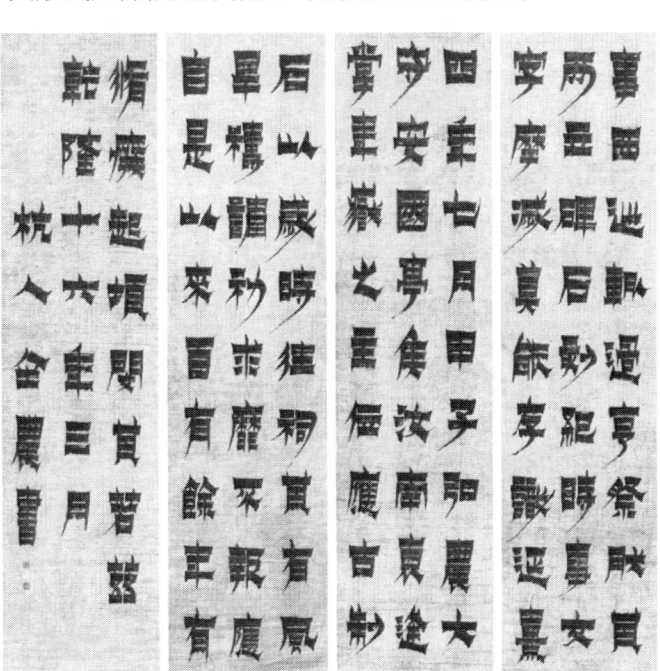

隸書四條屏　金農

對聯可分為三言、四言、五言、六言、七言、八言等,還有十言以上對聯甚至是百字以上長聯。在書寫對聯時,需天頭地腳對齊。如果字體為楷書、隸書或篆書,上下兩聯要字字對正,如果字體為行草,則只需上下字對齊,中間可將字體進行大小參差變化。這樣一來,可顯示行草活潑流暢的風格特徵。

長卷,亦稱手卷,其長度要比橫幅長許多,方便攜帶。長卷書法作品多作行草或楷書。

扇面,包括團扇和摺扇兩種形式,團扇呈圓形,摺扇上寬下窄。

書法藝術所包含的字法美、筆法美、墨法美、章法美,亦可概括成"法度、力道、結構、意韻"之美。

法度,是指書法的字形要符合不同書體的造型特徵,其結構、章法亦要符合造型藝術美的規律和形式法則。

情娛趣寄聯　王文治

力道,是指書法作品的線條要遒勁有力,不可扁軟漂浮。為了使書法達到"筆力遒勁",書寫者需勤學苦練,注重功力的錘煉與學養的積累。同時,只有掌握了正確的用筆方法,才能使筆底的線條婉轉而富有力度。

結構,魯迅先生說過:"中國文字有三美,意美以感心,一也;音美以感耳,二也;形美以感目,三也。"書法藝術是以漢字為表現對象的,其形主要是指結構。若要結構美,則要符合變化與統一、對稱與均衡等規律。

為了掌握書法的結構規律,書寫者要多練、多看,還要細心體會,方可悟得書法結構的規律。有經驗的書法家,其書法作品結構變化合度,如出新意亦在法度之中;而初學書法者,其所書漢字的結構要麼東倒西歪,沒有重心,要麼呆板僵硬,沒有活力。

那麼,如何處理好漢字的結構呢?

唐代孫過庭在《書譜》中說:"初學分佈,但求平正;既知平正,務追險絕;既能險絕,複歸平正。"可見,在學習書法的不同階段,處理漢字結構的側

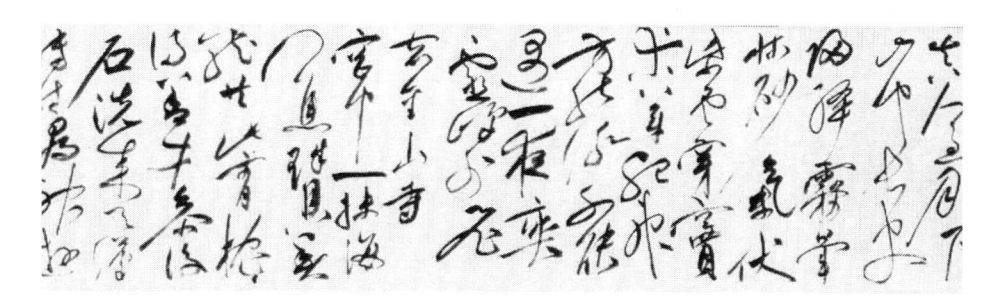

閒居秋日詩卷（局部）　祝允明

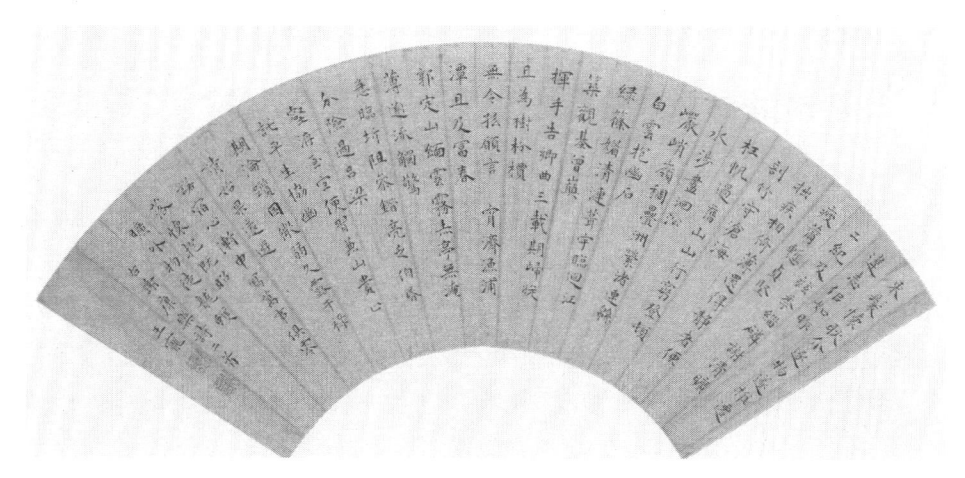

謝康樂詩扇面　王寵

重點是不同的。在初學階段，主要把漢字寫端正就行了；練習了一段時間，並積累了一定經驗後，便開始要把字寫得險絕有姿態；最後，又複歸平正。意韻，是指書法作品要具備神采、韻味。王僧虔曾說過："書之妙道，

神采為上，形質次之，兼之者方可紹於古人。"因此，在欣賞一幅書法作品時，我們不要僅僅看字寫得好不好看，更應該體會、關照一幅字的整體效果和它流露的韻味與神采。

二、書法創作

1. 書法創作的概念

　　書法創作是書法藝術創作活動的現實化、客體化和物態化階段,是書法家把心象變成物象的過程。在這一過程中,書法家將主觀見之於客觀,掌握和處理材料、媒介,充分利用才能和技巧,將心象以物態化形式確立下來,成為現實中可供觀看的藝術產品。這一階段中,書法家的書寫技巧以及對創作媒介的處理和掌握能力起到了非常重要的作用。

　　在進行書法創作之前,書法家需具備自己的創作觀念。創作觀念是書法家對書法創作的主張和理想,不同的書法家對書法本體的理解和對創作的主張會有不同。這些思想、主張會在書法家創作過程中起到指導作用,因而作品也會呈現不同的風格。

　　為了達到創作目的,書法家的創作會呈現一種個人風格。書法風格是作品所顯示的總體特徵,這些特徵要出現於一位元書法家不同的書法作品之中,或出現於某一階段的作品之中,而且這些特徵還是反覆出現的,具有連續性。這種風格也是可視可感的,在作品實例中,它可以體現於線條、墨色、節奏和力度,也包括作品的表面樣式或形式符號所蘊含的思想觀念、情感神采、精神底蘊。

　　創作這個概念是近現代才產生的,古人並沒有書法創作一說。但是,古人在進行書寫時,的確是一種有意識的藝術創作活動。

2. 當代書法創作格局

當代書壇的格局是怎樣的呢？著名書法家劉藝先生曾在他的文章《從幾次展覽看當前書法流派》中對當代書壇做了如下劃分：一是以孫曉雲、李慧英個展所代表的"傳統書法"；一是藝術書法展所張揚的"藝術書法"；一是國際現代書法展所宣示的"現代書法"。這表明當代中國書壇已形成了較明顯的流派。換言之，當代書壇，書法家的創作可分為"傳統書法""藝術書法""現代書法"三種。

"傳統書法"創作者認為書法是中國文化的核心，是中國傳統精神的跡化，他們宏觀的時代風格講究"唯古是尚"的意境，格調（帖派崇尚古雅秀逸，碑派崇尚古拙雄強）和微觀的筆墨技巧。為了達到上述目的，在書法創作上，講究功力的錘煉，以經典範式作為歸依物件，注重以書法的表現語言來體現書法的精神構成。在書寫時，注重字法、筆法、墨法、章法的考究和用紙的講究。

"藝術書法"創作者則追求藝術本體的完全獨立，主張在一定傳統基礎上表現當代的思想情感，以藝術的角度和現代的思維來審視書法、創作書法，是"傳統書法"的現代轉型。"藝術書法"弱化"傳統書法"中形式構成等筆墨技巧，注重運用對字體結構的變形、誇張等手段強化書寫的趣味和形式。"藝術書法"作品呈現古拙、野逸的風格，甚至看起來粗頭亂服、不衫不履，具有一定的時代氣息和個性風格。

那麼，"現代書法"創作者的觀念和方式又有什麼不同呢？"現代書法"創作者崇尚哲學上的表現主義，主張突破或超越傳統的書法創作觀念和審美觀念，注重利用作品形式的怪異和造型的不和諧來顯示藝術家的現代意識和心靈自由。因此，對現代派書法家來說，"現代書法"是對"傳統書法"的形態進行解構並用現代標準來重建的一種書法視覺形態。在創作過程中，書法家可以不遵循傳統法度或是與傳統法度相悖，運用極端的用筆方式來追求線條的表現力和漢字造型的荒誕感，甚至借助一些異質文化力量，同時也講究書寫材料的多樣化。"現代書法"作品中找不到像"傳統書法"那樣可以依傍追溯的參照，視覺形式上具有新奇感、時代感和國際感，比起"傳統書法"，風格更加多樣化。

3. 書法創作工具

筆

筆，通稱毛筆，相傳是秦將蒙恬發明的。根據毫料不同，毛筆可分為胎毛筆、狼毛筆、兔肩紫毫筆、鹿毛筆、雞毛筆、鴨毛筆、羊毛筆、豬毛筆、鼠毛筆、虎毛筆等；根據軟硬程度不同，又分為軟毫、硬毫和兼毫三種。軟毫主要由羊毫製成，能表現線條的柔美及含蓄之美；硬毫主要由狼毫製成，堅韌硬朗；兼毫則是用兩種不同的毫製成，軟硬適中。根據筆鋒長短，可分為長鋒、中鋒、短鋒。

不同的筆，在書法創作中的用途各不相同。例如，寫小楷時，用尖而細的小兼毫筆或小狼毫筆，寫中等大小的字，則用中號筆，寫大字或榜書，則使用大號毛筆或者鬥筆。不同的人可根據自己的習慣、經驗使用不同的毛筆，這並沒有硬性規定。在購買毛筆的時候，要仔細挑選，具有"尖、齊、圓、健"四個特點的筆才是好筆。使用毛筆時，要對其善加保養，這樣才能延長其使用時間。每次用完後，要用清水洗淨毛筆，並將其平放或懸掛起來，避免將其倒置，這樣才不至於使筆桿因為被水泡而腐爛。

墨

墨是寫字的黑色顏料。古代書法家使用的是墨錠，分為油煙和松煙兩種。

古人寫字時，先要在硯中加水研磨墨錠，磨出墨汁。研磨的墨汁可表現書法線條的層次感，但現代人為了方便省事，多用瓶裝墨汁。

紙

紙是中國古代四大發明之一，而宣紙更是紙中極品。漢代以前，古人寫字多在絹帛、簡牘或牆壁上面。東漢，宦官蔡倫改進了造紙術，為書法藝術的傳播提供了便利。特別是生宣的發明，更對書法創作起到了重要的促進作用。

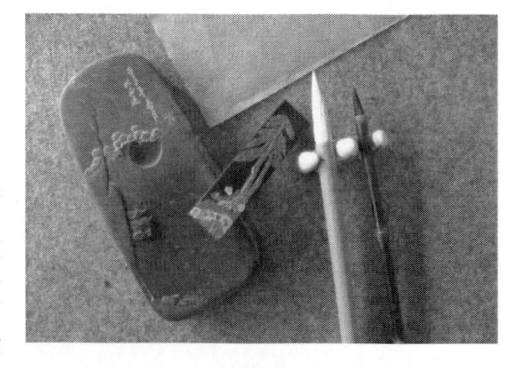

筆墨紙硯

宣紙按紙面的洇墨程度不同，可分為生宣、熟宣、半生熟三種。熟宣吸水性差，可用來寫小楷；生宣吸水性強，用筆時觸感清晰，可用來寫隸書、行草等大字；半生熟的宣紙則可用來寫各種書體，效果都很好。按照生產原料不同，可分為棉料、淨皮、特淨三類；按照規格不同，可分為三尺、四尺、五尺、六尺、八尺、丈二、丈六多種。除了宣紙外，還可使用毛邊紙、竹紙來進行書法練習。

硯

硯，也稱硯臺，是研磨、盛裝墨汁的工具。漢代劉熙在《釋名》中這樣解釋道："硯者研也，可研墨使之濡也。"現在，也可用瓷盤代替硯臺來盛裝墨汁。在我國，最有名的硯為歙硯和端硯、洮硯、澄泥硯，亦稱"四大名硯。"

當然，除了筆墨紙硯外，常用的書法創作工具還有鎮紙、筆洗、筆擱、字帖架等。

4. 書法創作方式

關於書法創作，根據方式和階段不同，大約可分為臨摹式創作、集字式創作和情感式創作。

臨摹式創作是書法創作的初級階段。每個人在學書之初，都要臨摹古人碑帖，只有與古為徒，才能從古人那裡學到書法的字法、筆法、墨法和章法。很多書法家都有這樣的記憶，小時候寫字，面前一定擺著一本字帖，要麼是《九成宮》，要麼是《多寶塔》。照著古人的碑帖寫字，並盡可能寫得很像，這就是臨摹。但是，世界上不可能存在完全一樣的樹葉，一個人的字也不可能和另外一個人的字寫得一模一樣。所以，在創作的初級階段，可以借鑒、臨摹古人的經典法帖來進行，但往高層次發展，此法便不再適用了。

等有了豐富的臨摹經驗，並掌握了某一種字體的書寫技巧和風格特徵後，便可以步入第二個階段——集字式創作。集字式創作可以在借鑒經典字法的基礎上，將墨法、章法進行靈活處理，因此其主動性更強。

情感式創作是書法創作的高級階段。只有對創作內容的字法爛熟於胸，並掌握豐富的書寫技巧之後,才能進行情感式創作。王羲之與朋友在蘭亭聚會在酒酣之際,觸景生情,一氣呵成地完成了光耀書法史的千古傑作——《蘭亭序》,這便是一種情感式創作,也是自己內心感受的真實流露。

三、書法藝術的外傳

1. 朝鮮半島的書法熱

早在2世紀到3世紀時，中國書法便已經傳到國外了。書法藝術最先傳到朝鮮半島，朝鮮人很快對這門藝術從好奇變得喜愛起來。7世紀時，漢字在朝鮮大興，書法藝術亦得到空前發展。當時，有專門從事書法的人才，保存至今的漢字書法作品也很多。

隋唐時期，政治開明，經濟發展，唐朝長安亦為東方的文化藝術中心。朝鮮半島等國家的人來長安學習漢文，還有人參加科舉考試並登科進士。

唐初，朝鮮半島分為高麗、百濟、新羅三個國家。朝鮮半島非常推崇歐陽詢、唐太宗的書法。《舊唐書·儒學上》記載："高麗甚重其書，嘗遣使求之。高祖歎曰'不意詢之書名，遠播夷狄，彼觀其跡，固謂其形魁梧耶！'"新羅統一朝鮮半島後，為了學習唐文化，經常派人來唐朝求賜漢籍。《舊唐書·新羅傳》記載"(貞觀)二十三年(649年)，真德(樂浪郡主)遣其弟國相、伊贊於金春秋及其子文正來朝。……春秋請詣國學觀釋奠及講論，太宗因賜以所制《溫湯》及《晉祠碑》並新撰《晉書》。"

8世紀時，朝鮮有位著名書法家叫金生，他從小開始學習漢字書法，一直到80多歲依然堅持寫字。金生工行書、隸書，其行草取法王羲之又自出面目，被譽為"東海書聖"。其所書《望廬山瀑布》，文字圓潤和諧、是金生的碑版行書代表作。

後來，顏真卿、蘇軾、黃庭堅、趙孟頫、董其昌等人的翰墨之香彌漫朝鮮，都成為當地人取法學習的對象。

朝鮮人特別喜歡中和溫雅的趙孟頫書法，連官方的文書都能看到趙書的影子。

2. 日本的"尚中"書法風

1世紀時，中日便有了來往《後漢書》中記載："建武中元二年（57年）倭奴國奉貢朝賀……光武帝賜以印綬。"而在3世紀至4世紀，日本派遣一些貴族子弟來中國學習漢字，他們亦接觸到了中國的書法藝術。

7世紀時，朝鮮人將中國書法傳到了日本。7世紀初，日本聖德太子用黃表紙抄寫了闡釋佛教教義的《法華義疏》，其風格豐潤和雅，具有魏晉氣度。

望廬山瀑布拓片（局部）

到了8世紀，中日文化交流頻繁。日本曾19次派遣唐使來到唐朝，遣唐使和其他翻譯、醫生、畫師來到中土大唐生活、學習，回國時亦將王羲之、王獻之、歐陽詢、顏真卿的書法作品帶了回去。

奈良時代的聖武天皇和光明皇后都喜歡書法，光明皇后悉心臨摹過王羲之的《樂毅論》。日本平安時代，空海和尚、最澄、橘逸勢、遣唐使藤原葛野麻呂乘船來大唐學習。在途中他們遇到風暴，只有最澄所乘坐的船順利抵達目的地，空海和尚與大使所乘坐的船則被風暴吹到了福州，橘逸勢所乘的船則失蹤了。福州的地方行政長官對大使一行人的身份有些懷疑，為了說明情況，大使讓空海和尚將他們來中國的目的用書信的方式說清楚。空海和尚在入唐前就在日本受到晉唐書法的薰陶，且精通漢文，果然圓滿完成了任務。空海和尚回國後，曾攜帶大量詩文以及歐陽詢、李邕等人的書法真跡，並將其獻給嵯峨天皇。

現藏於京都教王護國寺的《風信帖》便是空海和尚的書跡，其筆法嫻熟純正，風格飄逸清澄。空海和尚還著有《執筆法使筆法》《篆隸萬象名義》

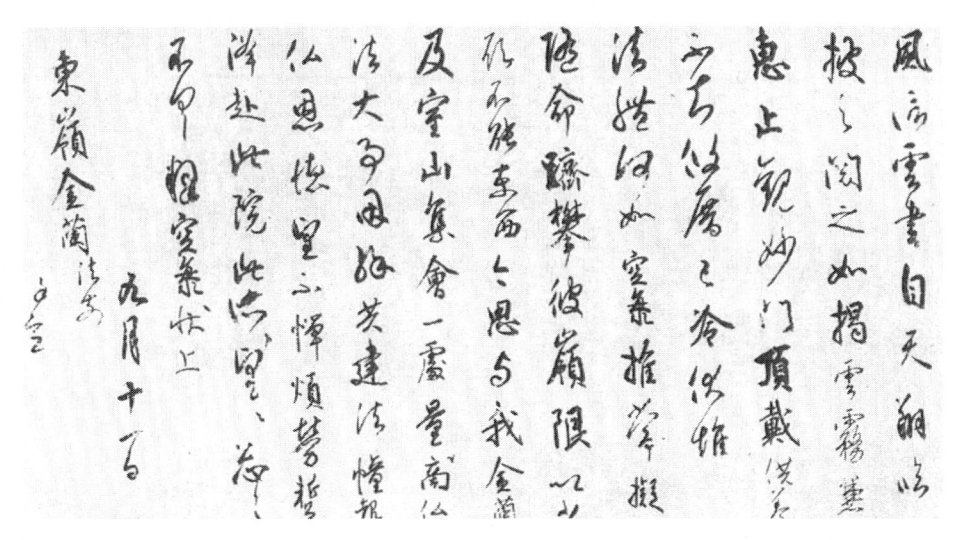

風信帖

等書論著作。

　鑒真和尚東渡日本後，將王羲之、王獻之父子的真跡以及唐代名家書法帶到日本，為中日文化交流做出了重要貢獻。

　嵯峨天皇和空海和尚並稱"書聖"，他們二人和橘逸勢都對中國晉唐書法有深入的研究，三人亦被稱為"三筆"。

　宋元明清時期，蘇軾、黃庭堅、趙孟頫、祝允明、文徵明、董其昌、張瑞圖、王鐸等人的作品傳到日本，被日本書法愛好者收藏學習。

　江戶時代，隱元禪師將張瑞圖的書法帶到日本。後來，日本人對其書法極為推崇，稱其書法"氣脈一貫，獨自風格"。

　19世紀末，大學問家楊守敬赴日，並隨身帶去了13000多件碑帖書法作品，在日本書壇引起震動。隨即，日本書壇刮起了大興碑帖的旋風。楊守敬亦被稱為"近代日本書道之祖"，其書法對日本後世書風的影響至今猶存。

　晚清時期的書法家張裕釗的書作傳入日本後，便吸引了眾多書法愛好者。有個叫宮島栗香的日本人偶然看到張裕釗的書法，極為佩服，便派遣其兒子宮島詠士來到中國跟隨張裕釗學習書法。宮島詠士跟隨張裕釗學習書法長達8年之久，並得到張裕釗的真傳。張裕釗在彌留之際，宮島詠士亦侍奉左右。宮島詠士回國後，創立"善鄰書院"，傳教書法藝術。啟功先生曾說道："張裕釗和宮島詠士的師生情誼令人感動，這也是中日文化交流史上的一段佳話。"

1962年，宮島詠士的弟子上條信山創辦了"書象會"，這是迄今為止日本最大的"張體"書法研習學校，其學員有萬人之眾。1984年，"善鄰書院"院長宮島吉亮（宮島詠士的後人）來到中國與中國書法家協會聯合舉辦了"張裕釗、宮島詠士師弟書展"，影響極大。

3. 中國書法的現代世界行

　　在西方國家，許多藝術家在創作過程中還借鑒了中國書法的抽象特徵。例如，瓦西裡·康定斯基、保羅·克利的抽象繪畫作品，均與中國陶器上的刻畫符號有共通之處。

　　如今，隨著我國改革開放的日漸深入，中西文化的碰撞與融合愈加頻繁。中國書法遠涉重洋後，受到越來越多外國友人的青睞。許多孔子學院的外國學生，正津津有味地握著毛筆，寫著一個個姿態各異的中國漢字。

行書四條屏

　　1998年，美國馬里蘭大學組織了第一屆"漢字書法教育國際學術研討會"。迄今為止，"漢字書法教育國際學術研討會"在世界各國共舉辦了9屆。

　　2010年6月28日至30日，在北京舉辦了第七屆"漢字書法教育國際學術研討會"。全國人大常委會原副委員長許嘉璐在開幕式上做了講話："書法走向世界是當今世界的需要。中華文化一貫強調身和心的協調、人與人的和諧、國與國的和睦，這些觀念恰是拯救當今世界的一劑良藥。大家只有互相學習，互相吸收，才會出現一個被全人類接受的、適合人類生存發展的新文化。而這種文化的理念是通過各種具體的文化形態體現出來的，例如文學、詩歌、哲學等，其中也包括書法。中國的書法正是中華文化核心理念的一種生動形象的體現。中國書法的一些元素，以及書法所寫的內容，無不體現了中華民族追求和諧、平衡、多元化的理想。"在大會上，各國專家都做了發言，他們介紹了國外大學所設立的書法課授課情況，並展望了中國書法藝術在國際上發展的美好前景。

　　1990 年 12 月，新加坡舉辦了首屆國際書法交流大展。如今，國際書法交流大展共舉辦了 11 屆。我國還成立了國際書法家協會，其成員來自中國、韓國、日本、新加坡、菲律賓、美國、英國等 10 多個國家。概言之，這些文化交流組織和活動，對弘揚中華傳統文化藝術、擴大漢字書法的國際影響力以及提高中外書法愛好者的鑒賞水準起到了極大的促進作用。

　　現在，科學技術越來越發達，中外文化交流也越來越頻繁，書法這門古老的藝術在浩瀚的歷史長河中傳承至今，既未風乾，也未脆折，甚至愈顯興盛之勢。書法藝術早已走出國門，現在正受到越來越多國外友人的喜歡，它一定會在國際舞臺上綻放出更加璀璨的光芒。

國家圖書館出版品預行編目（CIP）資料

中華文化叢書：書法 / 王軍平 著. -- 第一版.
-- 臺北市：崧博出版：崧燁文化發行, 2019.05
　　面；　公分
POD版

ISBN 978-957-735-873-8(平裝)

1.書法 2.中國文化

541.26208　　　　　　　　　　　　　　108006977

書　　名：中華文化叢書：書法
作　　者：王軍平著
發 行 人：黃振庭
出 版 者：崧博出版事業有限公司
發 行 者：崧燁文化事業有限公司
E-mail：sonbookservice@gmail.com
粉絲頁：　　　　　　網址：
地　　址：台北市中正區重慶南路一段六十一號八樓 815 室
8F.-815, No.61, Sec. 1, Chongqing S. Rd., Zhongzheng Dist., Taipei City 100, Taiwan (R.O.C.)
電　　話：(02)2370-3310　傳　真：(02) 2370-3210
總 經 銷：紅螞蟻圖書有限公司
地　　址：台北市內湖區舊宗路二段 121 巷 19 號
電　　話:02-2795-3656 傳真:02-2795-4100　網址：
印　　刷：京峯彩色印刷有限公司（京峰數位）
　　本書版權為西南師範大學出版社所有授權崧博出版事業股份有限公司獨家發行電子書及繁體書繁體字版。若有其他相關權利及授權需求請與本公司聯繫。

定　　價：270元
發行日期：2019 年 05 月第一版
◎ 本書以 POD 印製發行